Learn French With Short Stories Parallel French & English Vocabulary for Beginners

Life's Unexpected Paths: Clara's Empathetic Encounters in France

French Hacking

Copyright © 2024 French Hacking

All rights reserved. No part of this publication may be reproduced, distributed or transmitted in any form or by any means, including photocopying, recording, or other electronic or mechanical methods, without the prior written permission of the publisher, except in the case of brief quotations embodied in critical reviews and certain other non-commercial uses permitted by copyright law.

Trademarked names appear throughout this book. Rather than use a trademark symbol with every occurrence of a trademarked name, names are used in an editorial fashion, with no intention of infringement of the respective owner's trademark. The information in this book is distributed on an "as is" basis, without warranty. Although every precaution has been taken in the preparation of this work, neither the author nor the publisher shall have any liability to any person or entity with respect to any loss or damage caused or alleged to be caused directly or indirectly by the information contained in this book.

"One language sets you in a corridor for life. Two languages open every door along the way."

- Frank Smith

French Hacking

French Hacking is a revolutionary educational language learning company focused on teaching individuals how to learn French in the shortest time possible. Our mission is for our students to develop a command of the French language by utilizing the hacks, tips, and tricks included in the learning materials we create. We want our students to become confident in their speaking abilities as they advance their conversational skills by teaching what's necessary without having to learn the finer details that don't make much of a difference or aren't even used in the real world.

Unlike our competitors, who have books geared toward multiple languages, our language learning books are dedicated exclusively to learning French. Our focus on only one language allows us to truly concentrate on creating superior educational materials.

Our books are created by native French speakers and then put through a vigorous editing process with two more native French editors and proofreaders to ensure the highest quality content. Rest assured that you are learning proper grammar and syntax as you read through our books.

The unique formatting of our books will give you the best experience possible as you learn French! The bilingual English and French text appear side-by-side for easy reference without needing a dictionary. With fun images for each chapter, you will better visualize the scenes within the story and stay engaged. Reading is an immersive experience, and we want to make learning fun and enjoyable.

There are no other books like ours on the market. Let us help accelerate your journey to learn French with our fun and effective educational materials that make learning French a breeze!

About this book

This book offers a distinctive approach to mastering French through an immersive experience, blending delightful storytelling with a practical learning format.

As you embark on this adventure, you will notice that each chapter is presented twice: once in French alone and once in parallel text with side-by-side translations, featuring the original French text alongside its English counterpart. Our goal is to provide you with an authentic and engaging way to learn French as it is spoken and written.

We want to highlight that the English translations are crafted from the original French, focusing primarily on conveying the meaning and essence of the text. This means that, at times, the translations might not follow the typical structures or idioms of standard English. Such instances are intentional, aiming to give you a deeper understanding of the French language, including its unique expressions and nuances.

This method encourages you to think in French, rather than simply translating words. As you progress through the stories, you will find yourself naturally grasping the French language, appreciating its beauty, and understanding its context more clearly.

Who's it for?

This book is written for students who are just starting out, all the way to intermediate French learners (if you're familiar with the Common European Framework of Reference - CEFR, it would be the equivalent to A1-B1).

Why you'll enjoy this book

- Not a kid's story, they have too many wizards and animals that you don't use in everyday speech.
- The story line is interesting and something you can relate to, unlike children's books.
- There is relevant vocab you can use right away which will motivate you to read more.
- No dictionary needed as there are easy to follow translations next to each paragraph.

How to get the most out of this book

1. Read the chapter all in French and see how much you can pick up on.
2. Read the side by side French/English section to fill in any gaps you weren't able to understand.
3. Download the audio and have a listen.
4. Listen to the audio while simultaneously reading the story.

BONUS!

Enhance your learning experience with a complimentary Audiobook and PDF of this book! Discover the details on the back page.

Table of Contents

Main characters 1

1. Dernier week-end de vacances... 2
2. Adam repart, la fac reprend ! 14
3. L'accident de Christophe 26
4. Christophe est à l'hôpital 38
5. La vie continue, Céline trouve un emploi 50
6. Il est arrivé quelque chose à Valentine 62
7. Déambulations nocturnes dans la ville de Lyon 74
8. Liens brisés 86
9. Début de l'automne 98
10. L'opération de Christophe 110

Bonus 1 124
Bonus 2 126
Answers 138

Main Characters

The French family:

1. Dernier week-end de vacances...

Adam est venu pour ce premier week-end du mois de septembre, et Clara est venue le chercher à la gare. Maintenant, c'est vraiment la fin des vacances : la semaine prochaine, Clara **reprendra** le travail, et les filles auront leur **pré-rentrée** à la fac. La visite d'Adam rend ce dernier week-end très spécial et Clara est très **reconnaissante**, et très heureuse aussi. Ils ont posé les affaires d'Adam dans le petit hôtel où il **loue** une chambre jusqu'à dimanche, et ils ont rejoint les amis de Céline et Clara sur une terrasse pour le petit-déjeuner. Personne ne travaille aujourd'hui, mais il y a dans l'air comme un parfum de retour au travail, à la fac et à l'école : les lyonnais sont rentrés de vacances, les magasins souvent fermés en août ont **rouvert**, les gens s'agitent dans la rue...

Mais pour les six amis - Christophe, Céline, Max, Constance, Clara et Adam - c'est encore quelques jours relax qui se présentent. Le petit-déjeuner se convertit en déjeuner et ils **s'attardent** un peu tard à papoter sur la terrasse. Les discussions vont bon train, puis Clara propose une promenade dans le centre-ville. S'ensuit une longue **balade** dans les quartiers médiévaux du quartier Saint-Jean, dans les jardins de Fourvière jusqu'à la basilique, **d'où** ils peuvent admirer la vue sur toute la ville.

Adam **semble** se sentir très à l'aise avec Clara et ses amis. Il s'entend particulièrement bien avec Christophe, ce qui n'a rien d'étonnant, vu son

naturel joyeux et **bavard**. **Si bien que** Christophe l'invite à se joindre au cours de tennis du samedi matin avec Clara et Céline. Adam accepte avec plaisir, Clara **entend** d'une oreille la conversation et sourit. Elle est contente qu'Adam se joigne à elles ; mais elle sourit surtout d'avance en pensant à son niveau médiocre de tennis... Elle se dit qu'ils riront bien, en voyant Céline et Clara manquer une balle sur deux !

> **Reprendre** (verbe) : to get back to
> **Pré-rentrée** (f) (nom commun) : inset day
> **Reconnaissant** (adjectif) : grateful, thankful
> **Louer** (verbe) : to rent
> **Rouvrir** (verbe) : to open again
> **S'attarder** (verbe pronominal) : to linger
> **Balade** (f) (nom commun) : stroll, walk
> **D'où** (adverbe) : from where
> **Sembler** (verbe) : to seem
> **Bavard** (adjectif) : chatty, talkative
> **Si bien que** (locution conjonction) : so much so that
> **Entendre** (verbe) : to hear, to listen

La fin de la **journée** se passe au parc des Chartreux, avec un pique-nique improvisé de tomates, de fruits, de fromages, de saucissons, le tout accompagné de pain et d'une bouteille de vin. Céline est allée chercher Scruffles pour qu'il ne **s'ennuie** pas trop longtemps, tout seul à la maison. Le petit chien commence à connaître tous les amis de Clara et Céline, et il se fait une joie de les revoir à chaque **fois**.

Après de longues et passionnantes discussions, les amis se donnent rendez-vous le lendemain, pour dîner, dans un restaurant **bien connu** de la place Sathonay. **Chacun** rentre chez soi vers onze heures du soir. Adam et Clara restent **allongés** sur l'herbe du parc pendant encore une petite heure, bavardant de tout et de rien, puis ils rentrent ensemble, **bras dessus, bras dessous**. Ils sont légèrement pompettes et très heureux, s'orientant vers la petite chambre d'hôtel d'Adam, avec Scruffles qui ne comprend pas très bien pourquoi il ne dort pas chez lui ce soir, mais qui, après tout, tant qu'il est avec Clara, est heureux.

Le lendemain est vendredi, et c'est le premier jour du mois de septembre. Clara se réveille en disant : « ça y est, c'est l'automne ! »

« Tu exagères, ma chère ! L'automne est dans trois semaines, n'en **rajoute** pas ! dit Adam en riant, se levant pour préparer un café.

- Moi, le mois de septembre, ça me donne toujours l'impression que tout est fini, explique Clara en souriant un peu. On **plonge dans** l'hiver, bam ! D'un coup, d'un seul.

- Vraiment, regarde par la fenêtre **au lieu de** regarder ton agenda ! **conseille** Adam. D'ailleurs, il n'y a pas de café ici : on va prendre un café en terrasse ?

- Oui, en plus Scruffles doit sortir. Je prends une rapide douche et on y va ? »

Journée (f) (nom commun) : day
S'ennuyer (verbe pronominal) : to get bored
Fois (f) (nom commun) : time
Bien connu (locution adjectivale) : well known
Chacun (pronom) : each
Allongé (adjectif) : lying, lying down
Bras dessus, bras dessous (locution adverbiale) : arm in arm, hand in hand
Rajouter (verbe) : to add
Plonger dans (verbe + préposition) : to dive into [sth]
Au lieu de (locution prépositionnel) : instead of [sth]
Conseiller (verbe) : to recommend, to advise

Clara file sous la douche, Scruffles dort encore. Quel **ronfleur**, celui-là ! Dès qu'ils sont tous les trois prêts, ils se dirigent vers la première terrasse pour savourer un café aux premiers **rayons du soleil**. Il est seulement sept heures du matin mais les deux amoureux ont envie de **profiter de** chaque moment de leur journée. Clara pense déjà que son Adam va repartir dans le Sud bientôt et qu'ils n'ont que peu de temps ensemble. Mais elle choisit de ne pas en parler. Elle préfère simplement profiter. **Apparemment**, Adam en fait de même. Ils font le programme de la journée : acheter des croissants, se promener sur les quais de la Saône, aller au musée des Confluences, revenir par le centre-ville, se promener sur les quais du Rhône puis rejoindre les amis au restaurant. S'ils ont le temps, ils iront boire une **bière** sur la charmante place Sathonay.

Clara passe chez elle pour poser Scruffles. Céline l'**accueille** avec un grand sourire. « Tout va bien, ma belle ? » **Évidemment**, tout va bien. Clara rougit

et lui répond seulement : « Je veux juste pas du tout qu'il parte ! » Céline rit et lui offre un thé. Pas le temps ! Clara repart **aussitôt** pour rejoindre Adam, resté en bas. La journée se passe à merveille, comme prévu. Le soir, place Sathonay, le petit groupe d'amis se retrouve. Valentine **rejoint les rangs** pour profiter du restaurant. Tout se passe très bien, mais il s'agit de ne pas **se coucher** trop tard : le lendemain, finalement, c'est tout le groupe qui décide d'aller jouer au tennis avec Clara et Céline !

Ronfleur (adjectif) : snorer
Rayon du soleil (m) (nom commun) : sunbeam, sunray
Profiter de (verbe) : to make the most of [sth]
Apparemment (adverbe) : apparently, seemingly
Bière (f) (nom commun) : beer
Accueillir (verbe) : to welcome
Évidemment (adverbe) : evidently, clearly
Aussitôt (adverbe) : immediately, right away
Rejoindre les rangs de (locution verbale) : to join the ranks of, to participate in
Se coucher (verbe pronominal) : to go to bed

Questions (Chapitre 1)

1. Pourquoi Clara se sent-elle reconnaissante et heureuse lors de la visite d'Adam ?
a) Parce qu'il l'a invitée à une soirée spéciale
b) Parce qu'il l'aide à déménager dans un nouvel appartement
c) Parce qu'il lui offre un cadeau surprise
d) Parce qu'il rend leur dernier week-end de vacances très spécial

2. Qui invite Adam à se joindre au cours de tennis du samedi matin ?
a) Max
b) Céline
c) Christophe
d) Constance

3. Comment les amis prévoient-ils de terminer la journée au parc des Chartreux ?
a) Avec un cours de tennis
b) Avec un pique-nique improvisé
c) En faisant du shopping
d) En regardant un film au cinéma

4. Que font Adam et Clara après que leurs amis soient partis du parc des Chartreux ?
a) Ils vont danser dans une boîte de nuit
b) Ils restent allongés sur l'herbe du parc à bavarder
c) Ils rentrent chez eux séparément
d) Ils se promènent dans les rues de la ville

5. Pourquoi Clara retourne-t-elle chez elle après avoir pris un café avec Adam ?
a) Pour poser Scruffles
b) Pour changer de vêtements
c) Pour retrouver Céline
d) Pour prendre une douche

Dernier week-end de vacances...

Adam est venu pour ce premier week-end du mois de septembre, et Clara est venue le chercher à la gare. Maintenant, c'est vraiment la fin des vacances : la semaine prochaine, Clara reprendra le travail, et les filles auront leur pré-rentrée à la fac. La visite d'Adam rend ce dernier week-end très spécial et Clara est très reconnaissante, et très heureuse aussi. Ils ont posé les affaires d'Adam dans le petit hôtel où il loue une chambre jusqu'à dimanche, et ils ont rejoint les amis de Céline et Clara sur une terrasse pour le petit-déjeuner. Personne ne travaille aujourd'hui, mais il y a dans l'air comme un parfum de retour au travail, à la fac et à l'école : les lyonnais sont rentrés de vacances, les magasins souvent fermés en août ont rouvert, les gens s'agitent dans la rue...

Mais pour les six amis - Christophe, Céline, Max, Constance, Clara et Adam - c'est encore quelques jours relax qui se présentent. Le petit-déjeuner se convertit en déjeuner et ils s'attardent un peu tard à papoter sur la terrasse. Les discussions vont bon train, puis Clara propose une promenade dans le centre-ville. S'ensuit une longue balade dans les quartiers médiévaux du quartier Saint-Jean, dans les jardins de Fourvière jusqu'à la basilique, d'où ils peuvent admirer la vue sur toute la

1. Last weekend of vacation...

Adam came for the first weekend in September, and Clara picked him up at the station. Now it's really the end of the vacations: next week, Clara goes back to work, and the girls have their first day of college. Adam's visit makes this last weekend very special, and Clara is very grateful, and very happy too. They put down Adam's things in the little hotel where he's renting a room until Sunday, and joined Céline and Clara's friends on a terrace for breakfast. No one's working today, but there's a whiff of back-to-work, back-to-college and back-to-school in the air: the people of Lyon are back from vacation, the stores often closed in August have reopened, people are bustling in the streets...

But for the six friends - Christophe, Céline, Max, Constance, Clara and Adam - it's another relaxed few days. Breakfast turns into lunch, and they stay up late chatting on the terrace. Discussions are in full swing, and Clara suggests a stroll through the town center. What follows is a long stroll through the medieval quarters of the Saint-Jean district, through the Fourvière gardens to the basilica, from where they can admire the view over the whole city.

ville.

Adam semble se sentir très à l'aise avec Clara et ses amis. Il s'entend particulièrement bien avec Christophe, ce qui n'a rien d'étonnant, vu son naturel joyeux et bavard. Si bien que Christophe l'invite à se joindre au cours de tennis du samedi matin avec Clara et Céline. Adam accepte avec plaisir, Clara entend d'une oreille la conversation et sourit. Elle est contente qu'Adam se joigne à elles ; mais elle sourit surtout d'avance en pensant à son niveau médiocre de tennis... Elle se dit qu'ils riront bien, en voyant Céline et Clara manquer une balle sur deux !

La fin de la journée se passe au parc des Chartreux, avec un pique-nique improvisé de tomates, de fruits, de fromages, de saucissons, le tout accompagné de pain et d'une bouteille de vin. Céline est allée chercher Scruffles pour qu'il ne s'ennuie pas trop longtemps, tout seul à la maison. Le petit chien commence à connaître tous les amis de Clara et Céline, et il se fait une joie de les revoir à chaque fois.

Après de longues et passionnantes discussions, les amis se donnent rendez-vous le lendemain, pour dîner, dans un restaurant bien connu de la place Sathonay. Chacun rentre chez soi vers onze heures du soir. Adam et Clara restent allongés sur

Adam seems to feel very much at home with Clara and her friends. He gets on particularly well with Christophe, which is hardly surprising, given his natural cheerfulness and chatty nature. So much so that Christophe invites him to join the Saturday morning tennis lesson with Clara and Céline. Adam gladly accepts, and Clara listens with one ear to the conversation and smiles. She's glad Adam's joining them, but she smiles in anticipation of his mediocre level of tennis... She thinks they'll have a good laugh when they see Céline and Clara miss every other ball!

The end of the day is spent in the Parc des Chartreux, with an impromptu picnic of tomatoes, fruit, cheese, sausages, bread and a bottle of wine. Céline went to pick up Scruffles so he wouldn't be bored for too long at home on his own. Scruffles is getting to know all Clara and Céline's friends, and is delighted to see them again and again.

After long and fascinating discussions, the friends agreed to meet for dinner the following day at a well-known restaurant on Place Sathonay. Everyone returns home around eleven o'clock in the evening. Adam and Clara lie on the grass in the

l'herbe du parc pendant encore une petite heure, bavardant de tout et de rien, puis ils rentrent ensemble, bras dessus, bras dessous. Ils sont légèrement pompettes et très heureux, s'orientant vers la petite chambre d'hôtel d'Adam, avec Scruffles qui ne comprend pas très bien pourquoi il ne dort pas chez lui ce soir, mais qui, après tout, tant qu'il est avec Clara, est heureux.

Le lendemain est vendredi, et c'est le premier jour du mois de septembre. Clara se réveille en disant : « ça y est, c'est l'automne ! »

« Tu exagères, ma chère ! L'automne est dans trois semaines, n'en rajoute pas ! dit Adam en riant, se levant pour préparer un café.

- Moi, le mois de septembre, ça me donne toujours l'impression que tout est fini, explique Clara en souriant un peu. On plonge dans l'hiver, bam ! D'un coup, d'un seul.

- Vraiment, regarde par la fenêtre au lieu de regarder ton agenda ! conseille Adam. D'ailleurs, il n'y a pas de café ici : on va prendre un café en terrasse ?

- Oui, en plus Scruffles doit sortir. Je prends une rapide douche et on y va ? »

Clara file sous la douche, Scruffles dort encore. Quel ronfleur, celui-là !

park for another hour, chatting about everything and nothing, and then go home together, arm in arm. They're slightly tipsy and very happy, making their way to Adam's little hotel room, with Scruffles, who doesn't quite understand why he's not sleeping at home tonight, but who, after all, as long as he's with Clara, is happy.

The next day is Friday, and it's the first day of September. Clara wakes up and says: "That's it, it's autumn!"

"You're exaggerating, my dear! Autumn's in three weeks, don't push it! laughs Adam, getting up to make a coffee.

- September always gives me the impression that it's all over, explains Clara, smiling slightly. We're plunging into winter, bam! All at once.

- Really, look out the window instead of at your diary! advises Adam. By the way, there's no cafe here. Shall we have coffee on the terrace?

- Yes, plus Scruffles has to go out. Shall I take a quick shower and then we'll go?"

Clara heads for the shower, Scruffles is still asleep. What a snorer he is!

Dès qu'ils sont tous les trois prêts, ils se dirigent vers la première terrasse pour savourer un café aux premiers rayons du soleil. Il est seulement sept heures du matin mais les deux amoureux ont envie de profiter de chaque moment de leur journée. Clara pense déjà que son Adam va repartir dans le Sud bientôt et qu'ils n'ont que peu de temps ensemble. Mais elle choisit de ne pas en parler. Elle préfère simplement profiter. Apparemment, Adam en fait de même. Ils font le programme de la journée : acheter des croissants, se promener sur les quais de la Saône, aller au musée des Confluences, revenir par le centre-ville, se promener sur les quais du Rhône puis rejoindre les amis au restaurant. S'ils ont le temps, ils iront boire une bière sur la charmante place Sathonay.	As soon as the three of them are ready, they head for the first terrace to enjoy a coffee in the first rays of sunshine. It's only seven o'clock in the morning, but the two lovers want to make the most of every moment of their day. Clara is already thinking about the fact that her Adam will be leaving for the South soon, and that they have very little time together. But she chooses not to talk about it. She'd rather just enjoy it. Apparently, Adam does the same. They draw up the day's program: buy croissants, stroll along the banks of the Saône, go to the Musée des Confluences, return through the city center, stroll along the banks of the Rhône and then join their friends at the restaurant. If they have time, they'll go for a beer on the charming Place Sathonay.
Clara passe chez elle pour poser Scruffles. Céline l'accueille avec un grand sourire. « Tout va bien, ma belle ? » Évidemment, tout va bien. Clara rougit et lui répond seulement : « Je veux juste pas du tout qu'il parte ! » Céline rit et lui offre un thé. Pas le temps ! Clara repart aussitôt pour rejoindre Adam, resté en bas. La journée se passe à merveille, comme prévu. Le soir, place Sathonay, le petit groupe d'amis se retrouve. Valentine rejoint les rangs pour profiter du restaurant. Tout se passe très bien, mais il s'agit de ne pas se coucher trop tard : le lendemain, finalement, c'est tout le groupe qui décide d'aller	Clara drops by to pose Scruffles. Céline greets her with a big smile. "Is everything all right, sweetheart?" Of course it's all right. Clara blushes and replies, "I just don't want him to go!" Céline laughs and offers her a cup of tea. No time for that! Clara leaves immediately to join Adam downstairs. The day goes perfectly, as planned. In the evening, in Place Sathonay, the small group of friends meet up again. Valentine joins them to enjoy the restaurant. All goes well, but it's a question of not staying up too late: the next day, in the end, the whole group decides to go and play tennis with Clara and Céline!

jouer au tennis avec Clara et Céline !

Questions (Chapitre 1)

1. Pourquoi Clara se sent-elle reconnaissante et heureuse lors de la visite d'Adam ?
a) Parce qu'il l'a invitée à une soirée spéciale
b) Parce qu'il l'aide à déménager dans un nouvel appartement
c) Parce qu'il lui offre un cadeau surprise
d) Parce qu'il rend leur dernier week-end de vacances très spécial

2. Qui invite Adam à se joindre au cours de tennis du samedi matin ?
a) Max
b) Céline
c) Christophe
d) Constance

3. Comment les amis prévoient-ils de terminer la journée au parc des Chartreux ?
a) Avec un cours de tennis
b) Avec un pique-nique improvisé
c) En faisant du shopping
d) En regardant un film au cinéma

4. Que font Adam et Clara après que leurs amis soient partis du parc des Chartreux ?
a) Ils vont danser dans une boîte de nuit
b) Ils restent allongés sur l'herbe du parc à bavarder
c) Ils rentrent chez eux séparément
d) Ils se promènent dans les rues de la ville

Questions (Chapter 1)

1. Why does Clara feel grateful and happy during Adam's visit?
a) Because he invited her to a special evening
b) Because he helps her move into a new apartment
c) Because he gives her a surprise gift
d) Because he makes their last weekend of vacation very special

2. Who invites Adam to join the Saturday morning tennis lesson?
a) Max
b) Céline
c) Christophe
d) Constance

3. How do the friends plan to end the day at Parc des Chartreux?
a) With a tennis lesson
b) With an impromptu picnic
c) By going shopping
d) By watching a movie at the cinema

4. What do Adam and Clara do after their friends leave Parc des Chartreux?
a) They go dancing at a nightclub
b) They lie on the grass chatting
c) They go home separately
d) They take a stroll through the city streets

5. Pourquoi Clara retourne-t-elle chez elle après avoir pris un café avec Adam ?
a) Pour poser Scruffles
b) Pour changer de vêtements
c) Pour retrouver Céline
d) Pour prendre une douche

5. Why does Clara go back home after having coffee with Adam?
a) To drop off Scruffles
b) To change her clothes
c) To meet Céline
d) To take a shower

2. Adam repart, la fac reprend !

C'est samedi matin, et déjà le dernier jour d'Adam à Lyon. Il **repart** demain matin en train pour retrouver sa famille et ses activités. Dès le matin, tout le monde s'active et se prépare pour aller au tennis. Il fait un temps fabuleux : pas trop chaud, seulement quelques **nuages**, une légère **brise**, idéal pour le sport. Après un bon café et un bol de céréales, quelques tartines et un croissant, chacun se dirige vers le terrain de tennis où Christophe attend avec impatience. Constance, Max, Valentine, Céline, Clara et Adam sont là. Les parties sont **enflammées**, « mauvaises, mais enflammées, » dira Christophe, se moquant gentiment de son équipe de débutants. Mais en bon pédagogue, il leur apprend comment bien tenir leurs raquettes, comment positionner leurs **jambes**, comment faire leurs services.

À la fin du cours, épuisés et ravis, ils se dirigent vers le parc de la Tête d'Or pour un pique-nique. Tous sauf Christophe, qui a encore quelques cours dans l'après-midi. Adam et lui se disent au revoir, **car** ils n'auront pas l'occasion de se revoir avant la prochaine fois. Clara, qui entend le mot « prochaine fois » lors de leur échange, se sent **frémir** : c'est sûr, ils vont se revoir.

Après le pique-nique, un tour du **lac**, une petite visite au zoo et un tour du côté du théâtre de Guignol, le petit groupe se sépare, **laissant** Clara et Adam

à leur promenade. Ils décident de poursuivre vers les serres historiques du parc, **main dans la main**. Mais soudain, ils sont plutôt **silencieux**. Est-ce que c'est la fatigue, ou autre chose ? Ils marchent ensemble du parc jusqu'au centre-ville, pendant une bonne heure. Puis s'assoient à une terrasse de café. La journée est presque **terminée**...

Repartir (verbe) : to leave, to go
Nuage (m) (nom commun) : cloud
Brise (f) (nom commun) : breeze
Enflammé (adjectif) : inflamed, impassioned, hyped up
Jambe (f) (nom commun) : leg
Car (conjonction) : because
Frémir (verbe) : to tremble
Lac (m) (nom commun) : lake
Laisser (verbe) : to leave
Main dans la main (locution adverbiale) : hand in hand
Silencieux (adjectif) : quiet, silent
Terminé (adjectif) : finished, ended

« Tu as un programme, **demain** ? demande Adam.

- Tu pars à quelle heure déjà ? dit alors Clara.

- C'est pas une réponse, ça ! Mon train est à huit heures trente. Je suppose que je **dois** prendre le métro une petite heure avant, pour être large ? demande-t-il encore.

- C'est ça, pour être large, confirme Clara. Je viendrai avec toi ! **Sinon**, je n'ai pas vraiment de programme, mais je n'ai pas l'intention de rester sans rien faire, il va falloir que je m'active si je ne veux pas être triste. Et puis, la fac reprend lundi déjà !

- Oh, il n'y a pas de quoi être triste ! **tempère** Adam, l'air faussement étonné.

- Bah, tu ne vas pas être triste, toi, peut-être ? demande Clara, un peu **amère**.

- Pas vraiment non. Je trouve qu'on a passé un week-end merveilleux, et je suis sûr qu'on va se revoir, répond Adam avec **aplomb**.

- Tu dois savoir que je suis étudiante étrangère ici, rappelle Clara. Je rentre

dans mon pays dans quelques mois à peine, et tu habites dans une autre ville... »

Adam ne sait pas quoi répondre. C'est vrai, et il y a pensé, bien sûr. Mais tout cela vient seulement de commencer. Il n'a pas envie de **se projeter** et se dit qu'on verra bien, que l'**avenir** est incertain et que s'ils veulent se revoir, les avions, c'est fait pour ça. Mais il ne veut pas s'engager sur l'avenir, et au fond, Clara ne veut pas non plus s'engager : elle sait bien que tout est trop frais pour prendre des décisions.

Pour **remonter le moral** de Clara, Adam lui propose de choisir un très bon restaurant et de l'y inviter. Ils vont dîner dans l'un des restaurants les plus chics de Lyon, un étoilé au Michelin ! Clara n'a jamais rien mangé d'aussi bon. Les couleurs, les saveurs, les vins, tous les plats... C'est absolument **divin**. Et le service est aussi impeccable que le reste. La soirée est mémorable. Ils se remettent à discuter, de tout et de rien, et les gens des tables d'à côté doivent être jaloux tant ce petit couple semble **uni**, complice et heureux. Quand la nuit est bien avancée, les amoureux sortent du restaurant et rentrent à pied vers la **chambre** d'Adam.

Demain (adverbe) : tomorrow
Devoir (verbe) : to have to, must
Sinon (conjonction) : otherwise, if not
Tempérer (verbe) : to temper, to moderate
Amer (adjectif) : bitter
Aplomb (m) (nom commun) : confidence, aplomb
Se projeter (verbe pronominal) : to plan ahead, to get ahead
Avenir (m) (nom commun) : future
Remonter le moral (locution verbale) : to cheer [sb] up
Divin (adjectif) : divine, exquisite
Uni (adjectif) : united, close
Chambre (f) (nom commun) : bedroom

Au petit jour, ils se lèvent et se préparent à aller à la gare. Les **adieux** sont un peu tristes, c'est vrai ; mais pas **déchirants** non plus. Finalement, Clara rentre chez elle pour retrouver son petit chien adoré et sa colocataire. Elles prennent le thé ensemble et font le résumé de leurs vacances : que d'aventures ! Le Sud, Paris, Bruxelles, de nouveaux amours... Il va falloir se **replonger** dans les études **à présent** !

Et c'est ce qu'elles décident de faire de leur après-midi. Chacune de leur côté, elles sortent les cours de l'an dernier, **se renseignent** sur les cours de cette année, sur le programme, et commencent à **ébaucher** une organisation. Le lendemain, elles iront à la fac **dès** le matin. Et tout va reprendre comme avant les vacances : les cours, la bibliothèque, les cafés avec Valentine, le job étudiant.

En fait, elles sont toutes les deux très contentes. C'est la fin des vacances **mais** le début d'une nouvelle année. Elles vont apprendre de nouvelles choses et **construire** leur avenir. Elles se couchent tôt pour être en forme le lendemain. Et quand le réveil sonne, elles sont toutes les deux déjà réveillées, à sortir le chien, préparer le café, un sandwich pour le midi, le sac de cours. Comme il y a deux mois, comme si ça n'avait jamais été différent, les habitudes reprennent, et c'est un sentiment très agréable. Et sur le **rebord** de la fenêtre, une plante de Clara vient de **fleurir**, comme pour annoncer une belle journée et souhaiter une bonne année universitaire aux deux amies.

Au petit jour (locution adverbiale) : early morning, at daybreak
Adieu (m) (nom commun) : farewell, goodbye
Déchirant (adjectif) : harrowing, heart-rending
Replonger (verbe) : to dive back in
À présent (locution adverbiale) : now, presently, at present
Se renseigner (verbe pronominal) : to inquire
Ébaucher (verbe) : to begin, to sketch
Dès (préposition) : as soon as, from
Mais (conjonction) : but
Construire (verbe) : to build
Rebord (m) (nom commun) : sill, ledge, rim
Fleurir (verbe) : to bloom, to flower

Questions (Chapitre 2)

1. Quelle est l'activité prévue après le cours de tennis ?
a) Un barbecue au parc de la Tête d'Or
b) Un pique-nique au parc de la Tête d'Or
c) Une séance de shopping
d) Une visite au musée

2. Pourquoi Clara se sent-elle amère lorsque Adam mentionne qu'il n'est pas triste de partir ?
a) Parce qu'elle pense qu'il ne comprend pas ses sentiments
b) Parce qu'elle se sent déçue par sa réponse
c) Parce qu'elle craint de ne pas le revoir après son départ
d) Parce qu'elle pense qu'il est insensible à leur situation

3. Comment Adam essaie-t-il de remonter le moral de Clara ?
a) En lui proposant de visiter un musée ensemble
b) En lui offrant un cadeau surprise
c) En lui suggérant de dîner dans un restaurant étoilé Michelin
d) En lui promettant de revenir la voir dès que possible

4. Que font Clara et Céline après le retour de Clara de la gare ?
a) Elles se renseignent sur les cours de la nouvelle année
b) Elles parlent des prochaines vacances
c) Elles organisent une fête pour célébrer la fin des vacances
d) Elles cherchent des emplois

5. Comment Clara se sent-elle à l'idée de reprendre les études après les vacances ?
a) Triste et déprimée
b) Nostalgique des aventures vécues pendant les vacances
c) Excitée et motivée d'apprendre de nouvelles choses
d) Inquiète de ne pas réussir ses examens universitaires

2. Adam repart, la fac reprend !

C'est samedi matin, et déjà le dernier jour d'Adam à Lyon. Il repart demain matin en train pour retrouver sa famille et ses activités. Dès le matin, tout le monde s'active et se prépare pour aller au tennis. Il fait un temps fabuleux : pas trop chaud, seulement quelques nuages, une légère brise, idéal pour le sport. Après un bon café et un bol de céréales, quelques tartines et un croissant, chacun se dirige vers le terrain de tennis où Christophe attend avec impatience. Constance, Max, Valentine, Céline, Clara et Adam sont là. Les parties sont enflammées, « mauvaises, mais enflammées, » dira Christophe, se moquant gentiment de son équipe de débutants. Mais en bon pédagogue, il leur apprend comment bien tenir leurs raquettes, comment positionner leurs jambes, comment faire leurs services.

À la fin du cours, épuisés et ravis, ils se dirigent vers le parc de la Tête d'Or pour un pique-nique. Tous sauf Christophe, qui a encore quelques cours dans l'après-midi. Adam et lui se disent au revoir, car ils n'auront pas l'occasion de se revoir avant la prochaine fois. Clara, qui entend le mot « prochaine fois » lors de leur échange, se sent frémir : c'est sûr, ils vont se revoir.

Après le pique-nique, un tour du

2. Adam leaves, the university starts again!

It's Saturday morning, and already Adam's last day in Lyon. He'll be taking the train back to his family and activities tomorrow morning. First thing in the morning, everyone is busy getting ready for tennis. The weather is fabulous: not too hot, just a few clouds and a light breeze, ideal for sport. After a cup of coffee and a bowl of cereal, some toast and a croissant, everyone heads for the tennis court, where Christophe is waiting impatiently. Constance, Max, Valentine, Céline, Clara and Adam are there. The games are fiery, "bad, but fiery," says Christophe, gently mocking his team of beginners. But as a good teacher, he teaches them how to hold their rackets properly, how to position their legs and how to do their serves.

At the end of the lesson, exhausted and delighted, they head off to the Parc de la Tête d'Or for a picnic. All except Christophe, who has a few more classes in the afternoon. He and Adam say goodbye, as they won't be seeing each other again until next time. Clara, who hears the word "next time" in their exchange, feels herself shudder: they'll be seeing each other again for sure.

After a picnic, a tour of the lake,

lac, une petite visite au zoo et un tour du côté du théâtre de Guignol, le petit groupe se sépare, laissant Clara et Adam à leur promenade. Ils décident de poursuivre vers les serres historiques du parc, main dans la main. Mais soudain, ils sont plutôt silencieux. Est-ce que c'est la fatigue, ou autre chose ? Ils marchent ensemble du parc jusqu'au centre-ville, pendant une bonne heure. Puis s'assoient à une terrasse de café. La journée est presque terminée...

« Tu as un programme, demain ? demande Adam.

- Tu pars à quelle heure déjà ? dit alors Clara.

- C'est pas une réponse, ça ! Mon train est à huit heures trente. Je suppose que je dois prendre le métro une petite heure avant, pour être large ? demande-t-il encore.

- C'est ça, pour être large, confirme Clara. Je viendrai avec toi ! Sinon, je n'ai pas vraiment de programme, mais je n'ai pas l'intention de rester sans rien faire, il va falloir que je m'active si je ne veux pas être triste. Et puis, la fac reprend lundi déjà !

- Oh, il n'y a pas de quoi être triste ! tempère Adam, l'air faussement étonné.

- Bah, tu ne vas pas être triste, toi, peut-être ? demande Clara, un peu

a visit to the zoo and a visit to the Théâtre de Guignol, the group split up, leaving Clara and Adam to their walk. They decide to continue on to the park's historic greenhouses, hand in hand. But suddenly, they're rather quiet. Is it fatigue, or something else? They walk together from the park to downtown, for a good hour. Then they sit down at a café terrace. The day is almost over...

"Do you have any plans for tomorrow? asks Adam.

- What time are you leaving again? says Clara.

- That's not much of an answer! My train leaves at half past eight. I suppose I'll have to take the metro an hour before, to be on the safe side? he asks again.

- That's right, to be wide, confirms Clara. I'll come with you! Otherwise, I don't really have a program, but I don't intend to sit around and do nothing, so I'll have to get busy if I don't want to be sad. Besides, college starts again on Monday!

- Oh, there's nothing to be sad about! moderates Adam, looking falsely astonished.

- Well, you're not going to be sad, are you? asks Clara, a little bitter.

amère.

- Pas vraiment non. Je trouve qu'on a passé un week-end merveilleux, et je suis sûr qu'on va se revoir, répond Adam avec aplomb.

- Tu dois savoir que je suis étudiante étrangère ici, rappelle Clara. Je rentre dans mon pays dans quelques mois à peine, et tu habites dans une autre ville... »

Adam ne sait pas quoi répondre. C'est vrai, et il y a pensé, bien sûr. Mais tout cela vient seulement de commencer. Il n'a pas envie de se projeter et se dit qu'on verra bien, que l'avenir est incertain et que s'ils veulent se revoir, les avions, c'est fait pour ça. Mais il ne veut pas s'engager sur l'avenir, et au fond, Clara ne veut pas non plus s'engager : elle sait bien que tout est trop frais pour prendre des décisions.

Pour remonter le moral de Clara, Adam lui propose de choisir un très bon restaurant et de l'y inviter. Ils vont dîner dans l'un des restaurants les plus chics de Lyon, un étoilé au Michelin ! Clara n'a jamais rien mangé d'aussi bon. Les couleurs, les saveurs, les vins, tous les plats... C'est absolument divin. Et le service est aussi impeccable que le reste. La soirée est mémorable. Ils se remettent à discuter, de tout et de rien, et les gens des tables d'à côté doivent être

- Not really, no. I think we had a wonderful weekend, and I'm sure we'll see each other again, replies Adam with confidence.

- You should know that I'm a foreign student here, Clara reminds him. I'm going back to my country in just a few months, and you live in another city..."

Adam doesn't know what to say. It's true, and he's thought about it, of course. But all this has only just begun. He doesn't want to get ahead of himself and says to himself that we'll see, that the future is uncertain and that if they want to see each other again, that's what airplanes are for. But he doesn't want to commit to the future, and deep down, Clara doesn't want to commit either: she knows everything is too fresh to make any decisions.

To cheer Clara up, Adam suggests that she choose a very good restaurant and invite him there. They're going to dine in one of Lyon's chicest restaurants, with a Michelin star! Clara has never eaten anything so good. The colors, the flavors, the wines, all the dishes... It's absolutely divine. And the service is as impeccable as the rest. It's a memorable evening. They start chatting again, about everything and nothing, and the people at the

jaloux tant ce petit couple semble uni, complice et heureux. Quand la nuit est bien avancée, les amoureux sortent du restaurant et rentrent à pied vers la chambre d'Adam.

Au petit jour, ils se lèvent et se préparent à aller à la gare. Les adieux sont un peu tristes, c'est vrai ; mais pas déchirants non plus. Finalement, Clara rentre chez elle pour retrouver son petit chien adoré et sa colocataire. Elles prennent le thé ensemble et font le résumé de leurs vacances : que d'aventures ! Le Sud, Paris, Bruxelles, de nouveaux amours... Il va falloir se replonger dans les études à présent !

Et c'est ce qu'elles décident de faire de leur après-midi. Chacune de leur côté, elles sortent les cours de l'an dernier, se renseignent sur les cours de cette année, sur le programme, et commencent à ébaucher une organisation. Le lendemain, elles iront à la fac dès le matin. Et tout va reprendre comme avant les vacances : les cours, la bibliothèque, les cafés avec Valentine, le job étudiant.

En fait, elles sont toutes les deux très contentes. C'est la fin des vacances mais le début d'une nouvelle année. Elles vont apprendre de nouvelles choses et construire leur avenir. Elles se couchent tôt pour être en forme le lendemain. Et quand le réveil sonne, elles sont toutes les deux déjà réveillées, à sortir le chien, préparer le café, un sandwich pour le midi,

next table must be jealous, so united, complicit and happy does this little couple seem. As night falls, the lovers leave the restaurant and walk back to Adam's room.

At dawn, they get up and get ready to go to the station. The farewells are a little sad, it's true; but not heartbreaking either. Finally, Clara returns home to meet her beloved little dog and her roommate. They have tea together and sum up their vacation: so many adventures! The South, Paris, Brussels, new loves... Now it's time to get back to school!

And that's what they decide to do with their afternoon. Individually, they pull out last year's courses, find out about this year's courses and the syllabus, and begin to sketch out an organization. The next day, they'll be off to college first thing in the morning. And everything will resume as before the vacations: classes, the library, coffees with Valentine, the student job.

In fact, they're both very happy. It's the end of the vacations, but the start of a new year. They're going to learn new things and build their future. They go to bed early to be in shape for the next day. And when the alarm goes off, they're both already awake, taking the dog out, making coffee, preparing a sandwich for lunch and packing their school bags. It's like it

le sac de cours. Comme il y a deux mois, comme si ça n'avait jamais été différent, les habitudes reprennent, et c'est un sentiment très agréable. Et sur le rebord de la fenêtre, une plante de Clara vient de fleurir, comme pour annoncer une belle journée et souhaiter une bonne année universitaire aux deux amies.

was two months ago, like it's never been different, habits returning, and it's a very pleasant feeling. And on the windowsill, one of Clara's plants has just bloomed, as if to herald a beautiful day and wish the two friends a happy academic year.

Questions (Chapitre 2)

1. Quelle est l'activité prévue après le cours de tennis ?
a) Un barbecue au parc de la Tête d'Or
b) Un pique-nique au parc de la Tête d'Or
c) Une séance de shopping
d) Une visite au musée

2. Pourquoi Clara se sent-elle amère lorsque Adam mentionne qu'il n'est pas triste de partir ?
a) Parce qu'elle pense qu'il ne comprend pas ses sentiments
b) Parce qu'elle se sent déçue par sa réponse
c) Parce qu'elle craint de ne pas le revoir après son départ
d) Parce qu'elle pense qu'il est insensible à leur situation

3. Comment Adam essaie-t-il de remonter le moral de Clara ?
a) En lui proposant de visiter un musée ensemble
b) En lui offrant un cadeau surprise
c) En lui suggérant de dîner dans un restaurant étoilé Michelin
d) En lui promettant de revenir la voir dès que possible

4. Que font Clara et Céline après le retour de Clara de la gare ?
a) Elles se renseignent sur les cours de la nouvelle année
b) Elles parlent des prochaines vacances
c) Elles organisent une fête pour

Questions (Chapter 2)

1. What activity is planned after the tennis lesson?
a) A barbecue at the Parc de la Tête d'Or
b) A picnic at the Parc de la Tête d'Or
c) A shopping session
d) A visit to the museum

2. Why does Clara feel bitter when Adam mentions he is not sad about leaving?
a) Because she thinks he doesn't understand her feelings
b) Because she feels disappointed by his answer
c) Because she fears not seeing him again after he leaves
d) Because she thinks he is insensitive to their situation

3. How does Adam try to cheer Clara up?
a) By suggesting they visit a museum together
b) By giving her a surprise gift
c) By suggesting they dine at a Michelin-starred restaurant
d) By promising to come back to see her as soon as possible

4. What do Clara and Céline do after Clara returns from the train station?
a) They inquire about the courses for the new year
b) They talk about the upcoming vacations

célébrer la fin des vacances
d) Elles cherchent des emplois

5. Comment Clara se sent-elle à l'idée de reprendre les études après les vacances ?
a) Triste et déprimée
b) Nostalgique des aventures vécues pendant les vacances
c) Excitée et motivée d'apprendre de nouvelles choses
d) Inquiète de ne pas réussir ses examens universitaires

c) They organize a party to celebrate the end of the holidays
d) They look for jobs

5. How does Clara feel about returning to studies after the holidays?
a) Sad and depressed
b) Nostalgic about the adventures experienced during the holidays
c) Excited and motivated to learn new things
d) Worried about failing her university exams

3. L'accident de Christophe

Après le petit-déjeuner, les deux jeunes filles **se dirigent** vers leurs facultés respectives. Clara s'y rend à pied, les mains dans les poches, en **sifflotant**. Elle porte un **casque antibruit** très confortable qui lui permet d'écouter ses podcasts en marchant sans entendre la rumeur de la ville. Elle adore ces moments rien qu'à elle, où elle peut penser, **rêvasser** ou écouter quelque chose sans être interrompue. La petite marche jusqu'à la fac est d'environ une demi-heure, en marchant vite. Mais Clara est en avance et elle fait un détour par les quartiers qu'elle préfère. Elle achète un café à emporter et se promène le long du Rhône avant d'aller en cours.

Quand elle arrive à la fac, Valentine l'**attend** devant l'entrée du bâtiment.

« Bah dis-donc, t'es pas pressée ! lui dit-elle. Le cours commence dans cinq minutes. Je commençais à **croire** que tu ne t'étais pas réveillée. Tu sais où c'est, au moins ?

- Salut Valentine ! Non, je ne sais pas où c'est, je suppose que je **comptais sur** toi, répond Clara en riant. Tu as regardé ?

- Heureusement que je suis là hein, **bougonne** Valentine. Évidemment, je sais où c'est. Allez, viens, on va être en retard. Et quitte ton casque, t'as l'air dans ta **bulle**. »

Quel accueil... « Valentine semble de très mauvaise humeur, » se dit Clara. Et c'est vrai : Valentine, **contrairement à** son habitude, **fait la gueule**. Elle ne sourit pas, elle n'est pas contente de voir son amie, elle ne lui demande même pas comment s'est passé son week-end, rien. Clara se dit qu'il doit y avoir une bonne raison : **d'ordinaire**, Valentine est si gentille et souriante.

Se diriger (verbe pronominal) : to head somewhere, to head to
Siffloter (verbe) : to whistle
Casque antibruit (m) (nom commun) : noise-cancelling headset
Rêvasser (verbe) : to daydream
Attendre (verbe) : to wait
Croire (verbe) : to believe, to think
Compter sur (verbe) : to count on
Bougonner (verbe) : to grumble, to grouch
Bulle (f) (nom commun) : bubble
Contrairement à (locution prépositionnel) : contrary to
Faire la gueule (locution verbale) : to sulk, to be in a mood
D'ordinaire (locution adverbiale) : usually, ordinarily, normally

Enfin, elle a repéré la salle de cours pour la première heure de l'année. C'est un cours d'archéologie, sur la civilisation **sumérienne**. Clara est aux anges : c'est une période qui semble fascinante et le professeur est excellent. Avec sa **barbe** blanche, son bon sourire, ses cheveux gris et ses yeux **rieurs**, il met les étudiants en transe **en un rien de temps**, racontant l'histoire comme si c'était arrivé hier, **à travers** des anecdotes et appuyant son récit par des images toutes plus belles les unes que les autres.

En sortant de cours, Clara se dirige vers le **secrétariat**. Là-bas sont affichés les **emplois du temps** et les professeurs et salles de cours correspondant à chaque matière. Elle prend une photo de l'ensemble avec son **téléphone portable** et se retourne pour aller dans la cour. Elle cherche Valentine du regard.

« Ça va ma belle ? Tu as l'air **fâchée**. Désolée pour ce matin, j'ai pris mon temps pour venir, je ne pensais pas que tu m'attendrais, s'excuse Clara.

- Bah, ça va. N'empêche, tu aurais été en retard si j'étais pas là, le temps de trouver l'amphithéâtre, rétorque Valentine, un peu **sèchement**.

- Je ne te reconnais pas, t'es sûre que ça va ? On va prendre un café ? insiste Clara, à présent un peu inquiète.

- On n'a pas le temps Clara : le TD d'archi commence dans vingt minutes. T'inquiète, je vais bien. Pas super bien dormi, c'est tout. »

Valentine ouvre son téléphone et se met à lire et répondre à quelques messages. Clara, un peu **dépitée, laisse couler**. Elle se dit que s'il s'est passé quelque chose, il appartient à Valentine d'en parler si elle le souhaite. Elle espère simplement qu'il n'y a rien de grave.

> **Sumérien** (adjectif) : Sumerian
> **Barbe** (f) (nom commun) : beard
> **Rieur** (adjectif) : cheerful, laughing
> **En un rien de temps** (locution adverbiale) : in no time at all
> **À travers** (locution prépositionnel) : through, across
> **Secrétariat** (m) (nom commun) : secretary office
> **Emploi du temps** (m) (nom commun) : schedule, timetable
> **Téléphone portable** (m) (nom commun) : cellphone, mobile
> **Fâché** (adjectif) : angry, upset
> **Sèchement** (adverbe) : curtly, coldly
> **Dépité** (adjectif) : annoyed, irritated
> **Laisser couler** (locution verbale) : to let it go, to go with the flow

La matinée **s'achève** doucement, et le début de l'après-midi s'annonce tranquille avec seulement un cours. Clara s'installe dans le grand amphithéâtre pour le dernier cours de la journée. Elle sort son ordinateur, son carnet de notes, ses **stylos**, quand soudain, son téléphone sonne dans sa poche. À cette heure-là, elle ne reçoit jamais de **coups de fil**, seulement des textos. Étonnée, elle regarde l'écran et découvre le numéro de Céline. Encore plus surprise, elle répond en se précipitant vers la sortie de l'amphi, parlant tout doucement alors que le cours est **sur le point de** commencer : « Ça va ? Qu'est-ce qui t'arrive ? » demande-t-elle à mi-voix. Puis l'expression de son visage **se fige**. Valentine, qui observe derrière la porte vitrée de l'amphi, comprend immédiatement que quelque chose ne va pas.

Discrètement, sans faire de bruit, elle sort de la salle pour voir son amie.

Clara ne dit rien, elle écoute attentivement au téléphone, le visage **blême**. Quand elle raccroche, elle dit seulement : « OK, envoie-moi l'adresse, j'arrive. Courage, je suis là dans pas longtemps. » Valentine la questionne dès qu'elle raccroche le téléphone. Il est très clair que quelque chose a mal tourné.

« Christophe a eu un accident, il est à l'hôpital, explique Clara. Je vais aller **soutenir** Céline, elle est totalement paniquée. Apparemment, c'est très sérieux.

- C'est pas vrai, un accident, Christophe ? Quelle horreur ! s'exclame Valentine. Écoute ma belle, t'en fais pas pour le cours, évidemment je te donnerai une photocopie. Va vite la rejoindre, la pauvre, j'espère que Christophe va bien... »

Clara retourne dans l'amphithéâtre pour chercher ses affaires, le plus discrètement possible, puis **se précipite** vers la sortie. Elle appelle un taxi pour aller à l'adresse indiquée par Céline par texto. La pauvre Céline avait l'air complètement terrorisée au téléphone. Clara n'a pas tout compris : Christophe, à vélo, une voiture, un **croisement**, l'hôpital, la famille... Clara croit avoir entendu le mot « coma, » mais elle préfère ne pas y penser. Dans le taxi qui l'emmène vers l'hôpital, elle regarde par la fenêtre le paysage qui défile. Tout peut changer si vite, vraiment ; nos vies et notre bonheur semblent solides, et pourtant tout peut **basculer** quand on s'y attend le moins. Dans sa poche, elle croise les doigts. Une vieille superstition qui ne coûte rien et qui permet à Clara d'adresser une **prière** au ciel : pourvu que Christophe s'en sorte bien !

S'achever (verbe pronominal) : to end
Stylo (m) (nom commun) : pen
Coup de fil (nom commun) : call, phone call
Etre sur le point de (locution verbale) : to be about to do [sth]
Se figer (verbe pronominal) : to freeze
Discrètement (adverbe) : discreetly
Blême (adjectif) : pale, white
Soutenir (verbe) : to support
Se précipiter (verbe pronominal) : to rush, to race
Croisement (m) (nom commun) : crossing, crossroads
Basculer (verbe) : to turn, to change dramatically
Prière (f) (nom commun) : prayer

Questions (Chapitre 3)

1. Comment Clara se rend-elle à la fac le premier jour de cours ?
a) À pied en écoutant des podcasts
b) En vélo
c) En bus en lisant un livre
d) En voiture avec Valentine

2. Comment réagit Valentine en voyant Clara devant la fac ?
a) Elle est de très bonne humeur et lui demande comment s'est passé son week-end
b) Elle est surprise de la voir en avance et lui demande si elle sait où est le cours
c) Elle semble de très mauvaise humeur et n'est pas souriante
d) Elle lui offre un café pour lui remonter le moral

3. Quel cours a Clara en première heure de cette année ?
a) Un cours de langue étrangère
b) Un cours d'archéologie sur la civilisation sumérienne
c) Un cours sur l'art italien
d) Un cours d'histoire de l'art contemporain

4. Comment Valentine réagit-elle lorsque Clara lui propose de prendre un café ?
a) Elle accepte immédiatement et sourit
b) Elle refuse poliment en expliquant qu'elles n'ont pas le temps
c) Elle semble un peu sèche et rétorque sur le fait qu'elles n'ont pas le temps
d) Elle ignore la proposition et se met à lire ses messages

5. Pourquoi Clara quitte-t-elle précipitamment le grand amphithéâtre ?
a) Parce qu'elle reçoit un appel téléphonique urgent de ses parents
b) Parce qu'elle a oublié un document important chez elle
c) Parce qu'elle ne veut pas assister au dernier cours de la journée
d) Parce qu'elle reçoit un appel téléphonique urgent de Céline

3. L'accident de Christophe

Après le petit-déjeuner, les deux jeunes filles se dirigent vers leurs facultés respectives. Clara s'y rend à pied, les mains dans les poches, en sifflotant. Elle porte un casque antibruit très confortable qui lui permet d'écouter ses podcasts en marchant sans entendre la rumeur de la ville. Elle adore ces moments rien qu'à elle, où elle peut penser, rêvasser ou écouter quelque chose sans être interrompue. La petite marche jusqu'à la fac est d'environ une demi-heure, en marchant vite. Mais Clara est en avance et elle fait un détour par les quartiers qu'elle préfère. Elle achète un café à emporter et se promène le long du Rhône avant d'aller en cours.

Quand elle arrive à la fac, Valentine l'attend devant l'entrée du bâtiment.

« Bah dis-donc, t'es pas pressée ! lui dit-elle. Le cours commence dans cinq minutes. Je commençais à croire que tu ne t'étais pas réveillée. Tu sais où c'est, au moins ?

- Salut Valentine ! Non, je ne sais pas où c'est, je suppose que je comptais sur toi, répond Clara en riant. Tu as regardé ?

- Heureusement que je suis là hein, bougonne Valentine. Évidemment, je sais où c'est. Allez, viens, on va être

3. Christophe's accident

After breakfast, the two girls head for their respective faculties. Clara walks there, hands in pockets, whistling. She wears comfortable noise-cancelling headphones that allow her to listen to her podcasts as she walks, without hearing the noise of the city. She loves these moments alone, when she can think, daydream or listen to something without being interrupted. The short walk to the university takes about half an hour, if you walk fast. But Clara is early and takes a detour through her favorite neighborhoods. She buys a coffee to go and strolls along the Rhône before going to class.

When she arrives at the college, Valentine is waiting for her in front of the building entrance.

"You're not in a hurry, she says. Class starts in five minutes. I was beginning to think you hadn't woken up. Do you even know where it is?

- Hi, Valentine! No, I don't know where it is, I guess I was counting on you, Clara replies, laughing. Have you looked?

- Good thing I'm here, eh, grumbles Valentine. Of course I know where it is. Come on, we're going to be late.

en retard. Et quitte ton casque, t'as l'air dans ta bulle. »

Quel accueil... « Valentine semble de très mauvaise humeur, » se dit Clara. Et c'est vrai : Valentine, contrairement à son habitude, fait la gueule. Elle ne sourit pas, elle n'est pas contente de voir son amie, elle ne lui demande même pas comment s'est passé son week-end, rien. Clara se dit qu'il doit y avoir une bonne raison : d'ordinaire, Valentine est si gentille et souriante.

Enfin, elle a repéré la salle de cours pour la première heure de l'année. C'est un cours d'archéologie, sur la civilisation sumérienne. Clara est aux anges : c'est une période qui semble fascinante et le professeur est excellent. Avec sa barbe blanche, son bon sourire, ses cheveux gris et ses yeux rieurs, il met les étudiants en transe en un rien de temps, racontant l'histoire comme si c'était arrivé hier, à travers des anecdotes et appuyant son récit par des images toutes plus belles les unes que les autres.

En sortant de cours, Clara se dirige vers le secrétariat. Là-bas sont affichés les emplois du temps et les professeurs et salles de cours correspondant à chaque matière. Elle prend une photo de l'ensemble avec son téléphone portable et se retourne pour aller dans la cour. Elle cherche Valentine du regard.

« Ça va ma belle ? Tu as l'air fâchée.

And take off your helmet, you look like you're in a bubble."

What a welcome... "Valentine seems to be in a very bad mood," Clara says to herself. And it's true: Valentine, unlike usual, is pouting. She doesn't smile, she's not happy to see her friend, she doesn't even ask her how his weekend went, nothing. Clara figures there must be a good reason: Valentine is usually so nice and smiley.

Finally, she spotted the classroom for the first hour of the year. It's an archaeology class, on Sumerian civilization. Clara is delighted: it's a fascinating period and the teacher is excellent. With his white beard, good smile, grey hair and laughing eyes, he has the students in a trance in no time, telling the story as if it had happened yesterday, through anecdotes and supporting his account with images, each more beautiful than the last.

On leaving class, Clara heads for the secretary's office. The timetables, teachers and classrooms for each subject are posted there. She takes a photo of the whole thing with her cell phone and turns to go into the courtyard. She looks around for Valentine.

"Are you all right, sweetheart?

Désolée pour ce matin, j'ai pris mon temps pour venir, je ne pensais pas que tu m'attendrais, s'excuse Clara.

- Bah, ça va. N'empêche, tu aurais été en retard si j'étais pas là, le temps de trouver l'amphithéâtre, rétorque Valentine, un peu sèchement.

- Je ne te reconnais pas, t'es sûre que ça va ? On va prendre un café ? insiste Clara, à présent un peu inquiète.

- On n'a pas le temps Clara : le TD d'archi commence dans vingt minutes. T'inquiète, je vais bien. Pas super bien dormi, c'est tout. »

Valentine ouvre son téléphone et se met à lire et répondre à quelques messages. Clara, un peu dépitée, laisse couler. Elle se dit que s'il s'est passé quelque chose, il appartient à Valentine d'en parler si elle le souhaite. Elle espère simplement qu'il n'y a rien de grave.

La matinée s'achève doucement, et le début de l'après-midi s'annonce tranquille avec seulement un cours. Clara s'installe dans le grand amphithéâtre pour le dernier cours de la journée. Elle sort son ordinateur, son carnet de notes, ses stylos, quand soudain, son téléphone sonne dans sa poche. À cette heure-là, elle ne reçoit jamais de coups de fil, seulement des textos. Étonnée, elle regarde l'écran et découvre le numéro de Céline.

You look upset. Sorry about this morning, I took my time getting here, I didn't think you'd wait for me, Clara apologizes.

- Well, that's okay. Still, you'd have been late if I hadn't been there long enough to find the amphitheater, retorts Valentine, a little curtly.

- I don't recognize you, are you sure you're okay? Shall we go for a coffee? insists Clara, now a little worried.

- We don't have time, Clara: the archi exam starts in twenty minutes. Don't worry, I'm fine. I just didn't sleep very well."

Valentine opens her phone and starts reading and answering a few messages. Clara, a little disappointed, lets it go. She tells herself that if something has happened, it's up to Valentine to talk about it if she wishes. She just hopes it's nothing serious.

The morning slowly draws to a close, and the early afternoon promises to be quiet with only one class. Clara settles into the large lecture hall for the last class of the day. She takes out her computer, notebook and pens, when suddenly her phone rings in her pocket. At this hour, she never receives phone calls, only text messages. Stunned, she looked at the screen and discovered Céline's number. Even more surprised, she

Encore plus surprise, elle répond en se précipitant vers la sortie de l'amphi, parlant tout doucement alors que le cours est sur le point de commencer : « Ça va ? Qu'est-ce qui t'arrive ? » demande-t-elle à mi-voix. Puis l'expression de son visage se fige. Valentine, qui observe derrière la porte vitrée de l'amphi, comprend immédiatement que quelque chose ne va pas.	answers, rushing towards the lecture hall exit, speaking softly as the class is about to start: "Are you all right? What's the matter with you?" she asks half-heartedly. Then the expression on her face freezes. Valentine, who is watching her from behind the glass door of the lecture hall, immediately understands that something is wrong.
Discrètement, sans faire de bruit, elle sort de la salle pour voir son amie. Clara ne dit rien, elle écoute attentivement au téléphone, le visage blême. Quand elle raccroche, elle dit seulement : « OK, envoie-moi l'adresse, j'arrive. Courage, je suis là dans pas longtemps. » Valentine la questionne dès qu'elle raccroche le téléphone. Il est très clair que quelque chose a mal tourné.	Discreetly, without making a sound, she leaves the room to see her friend. Clara says nothing, listening intently on the phone, her face pale. When she hangs up, she says only: "Okay, send me the address, I'm on my way. Cheer up, I'll be there shortly." Valentine questions her as soon as she hangs up the phone. It's very clear that something has gone wrong.
« Christophe a eu un accident, il est à l'hôpital, explique Clara. Je vais aller soutenir Céline, elle est totalement paniquée. Apparemment, c'est très sérieux.	"Christophe's been in an accident and is in hospital, Clara explains. I'm going to support Céline, she's totally panicked. Apparently, it's very serious.
- C'est pas vrai, un accident, Christophe ? Quelle horreur ! s'exclame Valentine. Écoute ma belle, t'en fais pas pour le cours, évidemment je te donnerai une photocopie. Va vite la rejoindre, la pauvre, j'espère que Christophe va bien... »	- Oh my God, Christophe's had an accident? How awful! exclaims Valentine. Listen, darling, don't worry about the course, of course I'll give you a photocopy. I hope Christophe's all right..."
Clara retourne dans l'amphithéâtre	Clara returns to the amphitheatre

pour chercher ses affaires, le plus discrètement possible, puis se précipite vers la sortie. Elle appelle un taxi pour aller à l'adresse indiquée par Céline par texto. La pauvre Céline avait l'air complètement terrorisée au téléphone. Clara n'a pas tout compris : Christophe, à vélo, une voiture, un croisement, l'hôpital, la famille... Clara croit avoir entendu le mot « coma, » mais elle préfère ne pas y penser. Dans le taxi qui l'emmène vers l'hôpital, elle regarde par la fenêtre le paysage qui défile. Tout peut changer si vite, vraiment ; nos vies et notre bonheur semblent solides, et pourtant tout peut basculer quand on s'y attend le moins. Dans sa poche, elle croise les doigts. Une vieille superstition qui ne coûte rien et qui permet à Clara d'adresser une prière au ciel : pourvu que Christophe s'en sorte bien !

to get her things, as discreetly as possible, then rushes out. She called a cab to the address Céline had texted. Poor Céline sounded completely terrified on the phone. Clara didn't understand everything: Christophe, on a bike, a car, a crossroads, the hospital, the family... Clara thought she heard the word "coma," but preferred not to think about it. In the cab on the way to the hospital, she looks out of the window at the scenery. Everything can change so quickly, really; our lives and happiness seem solid, and yet everything can fall apart when we least expect it. In her pocket, she crosses her fingers. An old superstition that costs nothing and allows Clara to pray to heaven: may Christophe do well!

Questions (Chapitre 3)

1. Comment Clara se rend-elle à la fac le premier jour de cours ?
a) À pied en écoutant des podcasts
b) En vélo
c) En bus en lisant un livre
d) En voiture avec Valentine

2. Comment réagit Valentine en voyant Clara devant la fac ?
a) Elle est de très bonne humeur et lui demande comment s'est passé son week-end
b) Elle est surprise de la voir en avance et lui demande si elle sait où est le cours
c) Elle semble de très mauvaise humeur et n'est pas souriante
d) Elle lui offre un café pour lui remonter le moral

3. Quel cours a Clara en première heure de cette année ?
a) Un cours de langue étrangère
b) Un cours d'archéologie sur la civilisation sumérienne
c) Un cours sur l'art italien
d) Un cours d'histoire de l'art contemporain

4. Comment Valentine réagit-elle lorsque Clara lui propose de prendre un café ?
a) Elle accepte immédiatement et sourit
b) Elle refuse poliment en expliquant qu'elles n'ont pas le temps
c) Elle semble un peu sèche et rétorque sur le fait qu'elles n'ont pas

Questions (Chapter 3)

1. How does Clara get to the university on the first day of classes?
a) On foot while listening to podcasts
b) By bike
c) By bus while reading a book
d) By car with Valentine

2. How does Valentine react when she sees Clara in front of the university?
a) She is in a very good mood and asks her how her weekend went
b) She is surprised to see her early and asks if she knows where the class is
c) She seems in a very bad mood and is not smiling
d) She offers her a coffee to cheer her up

3. What class does Clara have for the first hour this year?
a) A foreign language class
b) An archaeology class on Sumerian civilization
c) A class on Italian art
d) A class on contemporary art history

4. How does Valentine react when Clara suggests getting a coffee?
a) She immediately accepts and smiles
b) She politely refuses, explaining they don't have time
c) She seems a bit cold and retorts that they don't have time
d) She ignores the proposition and

le temps
d) Elle ignore la proposition et se met à lire ses messages

5. Pourquoi Clara quitte-t-elle précipitamment le grand amphithéâtre ?
a) Parce qu'elle reçoit un appel téléphonique urgent de ses parents
b) Parce qu'elle a oublié un document important chez elle
c) Parce qu'elle ne veut pas assister au dernier cours de la journée
d) Parce qu'elle reçoit un appel téléphonique urgent de Céline

starts reading her messages

5. Why does Clara leave the grand amphitheater hastily?
a) Because she receives an urgent phone call from her parents
b) Because she forgot an important document at home
c) Because she doesn't want to attend the last class of the day
d) Because she receives an urgent phone call from Céline

4. Christophe est à l'hôpital

Clara vient d'arriver à l'hôpital. Elle court vers l'**accueil** pour demander le numéro de la chambre de Christophe, mais la personne de l'accueil lui refuse l'accès : elle voit sur le tableau de bord que le patient est en **état de choc** et les visites sont **restreintes**. Elle ne peut pas en dire plus à Clara... Qui s'inquiète d'autant plus. Elle se dirige vers la **salle d'attente**, achète un café au distributeur automatique, et s'installe nerveusement sur un fauteuil peu confortable. Elle appelle Céline ; celle-ci lui répond immédiatement.

« Désolée, Clara, je pensais que tu pourrais **rentrer**, explique-t-elle, entre deux sanglots. J'ai dû faire un scandale à l'accueil pour qu'ils me **laissent passer** ! Je suis avec la mère de Christophe, dans sa chambre, mais je ne vais pas rester. C'est terrible, il **est dans le coma**. Attends-moi si tu peux, je **suis** complètement **sous le choc**, j'ai besoin d'un peu de soutien.

- Pas de problème Céline, je suis là, répond Clara. Je t'attends, je suis dans la salle d'attente. Fais-moi signe quand tu descends. »

Mince alors... Christophe, dans le coma ! C'était donc bien ce qu'elle avait cru entendre au téléphone. L'inquiétude envahit **désormais** Clara. Sans savoir

ce qui lui est arrivé, elle envisage **le pire**. Elle a beau savoir qu'il ne faut pas s'imaginer des choses terribles quand on ne sait pas, elle ne parvient pas à contrôler ses pensées. Elle écrit à Adam pour lui **décrire** la situation. Celui-ci semble extrêmement inquiet également. Elle prévient Valentine qu'elle ne reviendra pas pour la fin du cours. Valentine s'en doutait un peu, et elle cherche à avoir des **nouvelles** de Christophe ; mais à ce stade, Clara peut seulement dire le peu qu'elle sait. La famille de Christophe est là et Christophe est plongé dans le coma...

Accueil (m) (nom commun) : reception, reception desk
État de choc (m) (nom commun) : state of shock
Restreint (adjectif) : restricted, limited
Salle d'attente (f) (nom commun) : waiting room
Rentrer (verbe) : to come in (in this context)
Laisser passer (locution verbale) : to let [sb] pass
Être dans le coma (locution verbale) : to be in a coma
Être sous le choc (locution verbale) : to be in shock
Désormais (adverbe) : from now on, from this moment forward
Le pire (m) (nom commun) : the worst
Décrire (verbe) : to describe
Nouvelle (f) (nom commun) : news

Quand Céline redescend, elle rejoint Clara et **s'effondre** en larmes dans ses bras. Clara manque de renverser son café.

« Pardon Clara, dit Céline, visiblement **dévastée**.

- Pardon pourquoi, tu plaisantes ? Bon, sortons de là, tu veux bien ? suggère Clara. On va prendre un café dans un bistrot du quartier. Tu ne vas pas retourner le voir **tout de suite** ?

- C'est inutile pour le moment, **sanglote** Céline. Les médecins l'observent, ils ne nous disent pas grand-chose. Christophe ne réagit pas, c'est terrible. C'est comme s'il était absent... Oh, Clara ! »

Clara **serre** son amie **dans ses bras**. Quel **enfer** ! Pourvu que tout se passe bien. Bras dessus, bras dessous, les filles s'orientent vers la sortie, sans dire un mot. La dure réalité les frappe **de plein fouet**. Elles marchent quelques minutes dans la rue, puis Clara désigne du doigt une terrasse de café à l'ombre et au calme. Elles s'installent et commandent un thé chacune. Après

avoir séché ses larmes et repris ses esprits, Céline commence à raconter ce qu'elle sait.

C'est la mère de Christophe qui l'a appelée, dès qu'elle a été prévenue par l'hôpital. Christophe a eu un accident de **vélo** très grave dans la rue, en allant au tennis. Une voiture **a grillé un stop** et... Et a percuté Christophe **à vive allure**. Christophe portait un casque, heureusement, mais il a été atteint à la **colonne vertébrale** en tombant : apparemment, il aurait percuté un poteau dans la rue. Le conducteur s'est arrêté et a lui-même appelé l'ambulance. Il est en tort mais au moins, il a porté assistance à Christophe. Il a attendu les secours en le plaçant en position latérale de sécurité.

Christophe avait sur lui son téléphone et sa carte d'identité. L'hôpital a contacté sa famille dès qu'ils ont pu trouver le contact. Puis tout s'est enchaîné, mais on ne sait pas encore quelle est la **gravité** de la situation. Les médecins ont dit de revenir demain. La mère de Christophe est totalement **déboussolée**, c'est très difficile.

> **S'effondrer** (verbe pronominal) : to collapse, to break down
> **Dévasté** (adjectif) : devastated, destroyed
> **Tout de suite** (locution adverbiale) : immediately, right away
> **Sangloter** (verbe) : to sob, to cry
> **Serrer dans ses bras** (locution verbale) : to hold [sb] in your arms
> **Enfer** (m) (nom commun) : hell
> **De plein fouet** (locution adverbiale) : head-on, full force
> **Vélo** (m) (nom commun) : bicycle, bike
> **Griller un stop** (locution verbale) : to run a stop sign
> **À vive allure** (locution adverbiale) : at high speed
> **Colonne vertébrale** (f) (nom commun) : spine, backbone
> **Gravité** (f) (nom commun) : seriousness
> **Déboussolé** (adjectif) : disoriented, confused

Clara essaye de se montrer rassurante ; mais c'est presque impossible. Déjà, parce qu'elle est elle-même complètement sous le choc et très inquiète. Aussi, parce qu'elle n'y connaît pas grand-chose. Elle n'a jamais eu d'accident, ni personne dans son **entourage** proche. Elle ne saurait pas comment rassurer quelqu'un en anglais, alors en français... Elle cherche ses mots, **balbutie**, puis finit par admettre son impuissance et dit simplement : « Céline, ma belle. On n'a pas le contrôle de la situation, mais Christophe est un homme fort. Tu dois rentrer à la maison, te nourrir et te reposer. Tu n'as aucun **moyen**

de parler à Christophe ni aucun moyen de savoir ce qu'il a à ce **stade**, mais demain, tu en sauras plus. Allez, viens, on rentre, et je reste avec toi. »

Reconnaissante, Céline **se laisse faire**. Clara paye le café et appelle un taxi. Quand elles arrivent à la maison, Céline s'effondre sur le canapé. Clara met un peu de musique classique et prépare une salade de quinoa et de légumes avec une omelette. Céline a peu d'appétit mais elle se force à manger. Elle regarde **constamment** son téléphone, espérant un appel de l'hôpital, ou mieux de Christophe. Mais bien sûr, cet appel ne viendra pas avant un moment.

Clara installe le salon pour une soirée entre copines : elle **déplie** le canapé, prépare du thé et sort une **plaquette** de chocolat. Elle choisit un film léger, simple et joli. La fenêtre est ouverte et l'**arrière-cour** est très calme. Il est déjà dix-neuf heures mais il fait encore grand jour. Qu'importe ! C'est l'heure du film en pyjama. Clara encourage Céline à prendre une douche fraîche et à se mettre à l'aise. Puis les deux amies s'installent pour regarder le film. Elles regarderont trois films dans la soirée : Céline n'est pas fatiguée, et Clara, bien qu'épuisée, ne veut pas laisser son amie seule avec son **angoisse**.

Finalement, elles s'endorment toutes les deux sur le canapé, dos à dos. Le lendemain matin, Céline se réveille très tôt. Elle a encore les yeux **rougis** par la tristesse et l'inquiétude. Elle écrit à la mère de Christophe puis prépare un café, sort le chien, range un peu le salon. Ce n'est que plus tard dans la journée qu'elle aura des nouvelles, elle le sait. Le peu de **sommeil** qu'elle a eu lui a fait du bien. Aujourd'hui, il faut retourner à la fac, malgré les événements.

Entourage (m) (nom commun) : family circle, relatives
Balbutier (verbe) : to stammer, to stutter
Moyen (m) (nom commun) : way, means
Stade (m) (nom commun) : stage
Se laisser faire (expression) : to let yourself be pushed around
Constamment (adverbe) : constantly, continuously
Déplier (verbe) : to unfold, to open up
Plaquette (f) (nom commun) : tablet, bar (of chocolate)
Arrière-cour (f) (nom commun) : backyard
Angoisse (f) (nom commun) : anxiety, anguish
Rougi (adjectif) : reddened
Sommeil (m) (nom commun) : sleep, sleepiness

Questions (Chapitre 4)

1. Pourquoi Clara n'est-elle pas autorisée à visiter Christophe à l'hôpital ?
a) Parce qu'elle ne connaît pas le numéro de sa chambre
b) Parce que les visites sont restreintes en raison de l'état de choc du patient
c) Parce qu'elle a oublié sa carte d'identité à la maison
d) Parce qu'elle n'a pas l'autorisation de la famille

2. Qui accompagne Christophe dans sa chambre à l'hôpital ? (Plusieurs réponses possibles)
a) Céline
b) Valentine
c) Son père
d) Sa mère

3. Comment Christophe a-t-il été blessé ?
a) Il est tombé dans les escaliers de chez lui
b) Il a été renversé par une voiture en allant en vélo
c) Il a été attaqué par un chien dans la rue
d) Il a eu un accident de voiture

4. Qu'a fait le conducteur après avoir percuté Christophe ? (Plusieurs réponses possibles)
a) Il a pris la fuite
b) Il a appelé immédiatement l'ambulance
c) Il est resté sur place et lui a porté assistance
d) Il a demandé de l'aide aux passants

5. Comment Clara et Céline passent-elles leur soirée après être rentrées à la maison ?
a) En regardant des films et en mangeant du chocolat
b) En discutant au téléphone avec des amis
c) En préparant un dîner élaboré
d) En allant faire une promenade avec le chien

4. Christophe est à l'hôpital

Clara vient d'arriver à l'hôpital. Elle court vers l'accueil pour demander le numéro de la chambre de Christophe, mais la personne de l'accueil lui refuse l'accès : elle voit sur le tableau de bord que le patient est en état de choc et les visites sont restreintes. Elle ne peut pas en dire plus à Clara... Qui s'inquiète d'autant plus. Elle se dirige vers la salle d'attente, achète un café au distributeur automatique, et s'installe nerveusement sur un fauteuil peu confortable. Elle appelle Céline ; celle-ci lui répond immédiatement.

« Désolée, Clara, je pensais que tu pourrais rentrer, explique-t-elle, entre deux sanglots. J'ai dû faire un scandale à l'accueil pour qu'ils me laissent passer ! Je suis avec la mère de Christophe, dans sa chambre, mais je ne vais pas rester. C'est terrible, il est dans le coma. Attends-moi si tu peux, je suis complètement sous le choc, j'ai besoin d'un peu de soutien.

- Pas de problème Céline, je suis là, répond Clara. Je t'attends, je suis dans la salle d'attente. Fais-moi signe quand tu descends. »

Mince alors... Christophe, dans le coma ! C'était donc bien ce qu'elle avait cru entendre au téléphone. L'inquiétude envahit désormais Clara. Sans savoir ce qui lui est arrivé, elle envisage le pire. Elle a beau

4. Christophe is in hospital

Clara has just arrived at the hospital. She runs to the reception desk to ask for Christophe's room number, but the receptionist refuses her access: she sees on the dashboard that the patient is in a state of shock and visits are restricted. She can say no more to Clara... Who worries even more. She heads for the waiting room, buys a coffee from the vending machine, and settles nervously into an uncomfortable armchair. She calls Céline, who answers immediately.

"Sorry, Clara, I thought you might come in, she explains, between sobs. I had to make a scene at reception to get them to let me in! I'm with Christophe's mother, in her room, but I'm not staying. It's terrible, he's in a coma. Wait for me if you can, I'm completely in shock, I need a little support.

- No problem, Céline, I'm here, Clara replies. I'm waiting for you in the waiting room. Let me know when you're coming down."

Damn... Christophe, in a coma! So that's what she'd thought she'd heard on the phone. Clara was now overwhelmed by worry. Without knowing what had happened to him, she imagined the worst. Even though

savoir qu'il ne faut pas s'imaginer des choses terribles quand on ne sait pas, elle ne parvient pas à contrôler ses pensées. Elle écrit à Adam pour lui décrire la situation. Celui-ci semble extrêmement inquiet également. Elle prévient Valentine qu'elle ne reviendra pas pour la fin du cours. Valentine s'en doutait un peu, et elle cherche à avoir des nouvelles de Christophe ; mais à ce stade, Clara peut seulement dire le peu qu'elle sait. La famille de Christophe est là et Christophe est plongé dans le coma...

Quand Céline redescend, elle rejoint Clara et s'effondre en larmes dans ses bras. Clara manque de renverser son café.

« Pardon Clara, dit Céline, visiblement dévastée.

- Pardon pourquoi, tu plaisantes ? Bon, sortons de là, tu veux bien ? suggère Clara. On va prendre un café dans un bistrot du quartier. Tu ne vas pas retourner le voir tout de suite ?

- C'est inutile pour le moment, sanglote Céline. Les médecins l'observent, ils ne nous disent pas grand-chose. Christophe ne réagit pas, c'est terrible. C'est comme s'il était absent... Oh, Clara ! »

Clara serre son amie dans ses bras. Quel enfer ! Pourvu que tout se passe bien. Bras dessus, bras dessous, les filles s'orientent vers la sortie,

she knows better than to imagine terrible things when she doesn't know, she can't control her thoughts. She writes to Adam describing the situation. He seems extremely worried too. She warns Valentine that she won't be back for the end of the course. Valentine suspected as much, and tries to get some news from Christophe; but at this stage, Clara can only say what little she knows. Christophe's family is there, and he's in a coma...

When Céline comes downstairs, she joins Clara and breaks down in tears in her arms. Clara nearly spills her coffee.

"Sorry Clara, says Céline, visibly devastated.

- I'm sorry, why, are you joking? Let's get out of here, shall we? suggests Clara. Let's go and have a coffee in a local bistro. You're not going back to see him right away?

- It's pointless right now, sobs Céline. The doctors are watching him, not telling us much. Christophe's not reacting, it's terrible. It's as if he's absent... Oh, Clara!"

Clara hugs her friend. What hell! I hope everything goes well. Arm in arm, the girls head for the exit, without saying a word. Harsh reality

sans dire un mot. La dure réalité les frappe de plein fouet. Elles marchent quelques minutes dans la rue, puis Clara désigne du doigt une terrasse de café à l'ombre et au calme. Elles s'installent et commandent un thé chacune. Après avoir séché ses larmes et repris ses esprits, Céline commence à raconter ce qu'elle sait.	hit them hard. They walk down the street for a few minutes, then Clara points to a shady, quiet café terrace. They sit down and order a cup of tea each. After drying her tears and regaining her composure, Céline begins to tell what she knows.
C'est la mère de Christophe qui l'a appelée, dès qu'elle a été prévenue par l'hôpital. Christophe a eu un accident de vélo très grave dans la rue, en allant au tennis. Une voiture a grillé un stop et... Et a percuté Christophe à vive allure. Christophe portait un casque, heureusement, mais il a été atteint à la colonne vertébrale en tombant : apparemment, il aurait percuté un poteau dans la rue. Le conducteur s'est arrêté et a lui-même appelé l'ambulance. Il est en tort mais au moins, il a porté assistance à Christophe. Il a attendu les secours en le plaçant en position latérale de sécurité.	It was Christophe's mother who called her, as soon as she was notified by the hospital. Christophe had a very serious bicycle accident in the street, on his way to play tennis. A car ran a stop sign and... And hit Christophe at high speed. Christophe was wearing a helmet, fortunately, but he suffered a spinal injury when he fell: apparently, he had hit a pole in the street. The driver stopped and called the ambulance himself. He was at fault, but at least he came to Christophe's aid. He waited for the paramedics, placing him in a lateral position of safety.
Christophe avait sur lui son téléphone et sa carte d'identité. L'hôpital a contacté sa famille dès qu'ils ont pu trouver le contact. Puis tout s'est enchaîné, mais on ne sait pas encore quelle est la gravité de la situation. Les médecins ont dit de revenir demain. La mère de Christophe est totalement déboussolée, c'est très difficile.	Christophe had his telephone and identity card with him. The hospital contacted his family as soon as they could establish contact. Then everything came together, but we still don't know how serious the situation is. The doctors said to come back tomorrow. Christophe's mother is totally distraught, it's very difficult.
Clara essaye de se montrer	Clara tries to be reassuring, but it's

rassurante ; mais c'est presque impossible. Déjà, parce qu'elle est elle-même complètement sous le choc et très inquiète. Aussi, parce qu'elle n'y connaît pas grand-chose. Elle n'a jamais eu d'accident, ni personne dans son entourage proche. Elle ne saurait pas comment rassurer quelqu'un en anglais, alors en français... Elle cherche ses mots, balbutie, puis finit par admettre son impuissance et dit simplement : « Céline, ma belle. On n'a pas le contrôle de la situation, mais Christophe est un homme fort. Tu dois rentrer à la maison, te nourrir et te reposer. Tu n'as aucun moyen de parler à Christophe ni aucun moyen de savoir ce qu'il a à ce stade, mais demain, tu en sauras plus. Allez, viens, on rentre, et je reste avec toi. »

Reconnaissante, Céline se laisse faire. Clara paye le café et appelle un taxi. Quand elles arrivent à la maison, Céline s'effondre sur le canapé. Clara met un peu de musique classique et prépare une salade de quinoa et de légumes avec une omelette. Céline a peu d'appétit mais elle se force à manger. Elle regarde constamment son téléphone, espérant un appel de l'hôpital, ou mieux de Christophe. Mais bien sûr, cet appel ne viendra pas avant un moment.

Clara installe le salon pour une soirée entre copines : elle déplie le canapé, prépare du thé et sort une plaquette de chocolat. Elle choisit un film léger, simple et joli. La fenêtre est ouverte

almost impossible. Firstly, because she's completely shocked and worried herself. Also, because she doesn't know much about it. She's never had an accident, nor has anyone in her immediate circle. She wouldn't know how to reassure someone in English, so in French.... She fumbles for words, stammers, then finally admits her helplessness and says simply: "Céline, ma belle. We can't control the situation, but Christophe is a strong man. You need to go home, eat and rest. You have no way of talking to Christophe and no way of knowing what's wrong with him at this stage, but tomorrow you'll know more. Come on, let's go home, and I'll stay with you."

Grateful, Céline relents. Clara pays for the coffee and calls a cab. When they arrive home, Céline collapses on the sofa. Clara puts on some classical music and prepares a quinoa and vegetable salad with an omelette. Céline has little appetite, but she forces herself to eat. She keeps checking her phone, hoping for a call from the hospital, or better still, from Christophe. But of course, that call won't come for a while.

Clara sets up the living room for an evening out with her girlfriends: she unfolds the sofa, makes some tea and takes out a chocolate bar. She chooses a light, simple and pretty film. The

et l'arrière-cour est très calme. Il est déjà dix-neuf heures mais il fait encore grand jour. Qu'importe ! C'est l'heure du film en pyjama. Clara encourage Céline à prendre une douche fraîche et à se mettre à l'aise. Puis les deux amies s'installent pour regarder le film. Elles regarderont trois films dans la soirée : Céline n'est pas fatiguée, et Clara, bien qu'épuisée, ne veut pas laisser son amie seule avec son angoisse.

Finalement, elles s'endorment toutes les deux sur le canapé, dos à dos. Le lendemain matin, Céline se réveille très tôt. Elle a encore les yeux rougis par la tristesse et l'inquiétude. Elle écrit à la mère de Christophe puis prépare un café, sort le chien, range un peu le salon. Ce n'est que plus tard dans la journée qu'elle aura des nouvelles, elle le sait. Le peu de sommeil qu'elle a eu lui a fait du bien. Aujourd'hui, il faut retourner à la fac, malgré les événements.

window is open and the backyard is very quiet. It's already nine o'clock, but it's still broad daylight No matter! It's pajama movie time. Clara encourages Céline to take a fresh shower and get comfortable. Then the two friends settle down to watch the film. Céline is not tired, and Clara, though exhausted, doesn't want to leave her friend alone with her anxiety.

Eventually, they both fall asleep on the sofa, back to back. The next morning, Céline wakes up very early. Her eyes are still red with sadness and worry. She writes to Christophe's mother, makes a cup of coffee, takes the dog out and tidies up the living room. It's only later in the day that she'll have any news, she knows. The little sleep she's had has done her good. Today, she has to get back to college, despite what's happened.

Questions (Chapitre 4)

1. Pourquoi Clara n'est-elle pas autorisée à visiter Christophe à l'hôpital ?
a) Parce qu'elle ne connaît pas le numéro de sa chambre
b) Parce que les visites sont restreintes en raison de l'état de choc du patient
c) Parce qu'elle a oublié sa carte d'identité à la maison
d) Parce qu'elle n'a pas l'autorisation de la famille

2. Qui accompagne Christophe dans sa chambre à l'hôpital ? (Plusieurs réponses possibles)
a) Céline
b) Valentine
c) Son père
d) Sa mère

3. Comment Christophe a-t-il été blessé ?
a) Il est tombé dans les escaliers de chez lui
b) Il a été renversé par une voiture en allant en vélo
c) Il a été attaqué par un chien dans la rue
d) Il a eu un accident de voiture

4. Qu'a fait le conducteur après avoir percuté Christophe ? (Plusieurs réponses possibles)
a) Il a pris la fuite
b) Il a appelé immédiatement l'ambulance
c) Il est resté sur place et lui a porté assistance

Questions (Chapter 4)

1. Why is Clara not allowed to visit Christophe in the hospital?
a) Because she doesn't know his room number
b) Because visits are restricted due to the patient's state of shock
c) Because she forgot her ID at home
d) Because she doesn't have the family's permission

2. Who accompanies Christophe to his room in the hospital? (Multiple answers possible)
a) Céline
b) Valentine
c) His father
d) His mother

3. How was Christophe injured?
a) He fell down the stairs at his home
b) He was hit by a car while riding a bike
c) He was attacked by a dog in the street
d) He was in a car accident

4. What did the driver do after hitting Christophe? (Multiple answers possible)
a) He fled
b) He immediately called an ambulance
c) He stayed at the scene and assisted him

d) Il a demandé de l'aide aux passants

5. Comment Clara et Céline passent-elles leur soirée après être rentrées à la maison ?
a) En regardant des films et en mangeant du chocolat
b) En discutant au téléphone avec des amis
c) En préparant un dîner élaboré
d) En allant faire une promenade avec le chien

d) He asked passersby for help

5. How do Clara and Céline spend their evening after returning home?
a) By watching movies and eating chocolate
b) By talking on the phone with friends
c) By preparing an elaborate dinner
d) By going for a walk with the dog

5. La vie continue, Céline trouve un emploi

La journée est longue pour Céline. **Pendue** à son téléphone, elle essaye **tant bien que mal** de se concentrer sur les cours. Elle a beaucoup de mal à comprendre pourquoi le monde ne s'arrête pas en même tant que l'accident. C'est très difficile pour elle de réaliser que cet accident n'est qu'un **événement** dans un océan d'autres événements, et ses cours lui semblent tout à fait futiles. Elle n'a jamais ressenti cela **auparavant**.

Pourtant elle sait qu'elle doit **faire face à** la situation en continuant sa semaine. C'est la rentrée universitaire et il n'est pas question qu'elle manque des cours. À midi, elle appelle la mère de Christophe. Les nouvelles ne sont pas bonnes : Christophe est **toujours** dans le coma, les médecins veulent faire des radios complémentaires. La colonne vertébrale semble touchée, mais pas trop **endommagée**. Rien n'est très clair à ce stade. Céline pourra lui rendre visite après ses cours, avant vingt heures, **heure de fermeture** des visites.

À la sortie de ses cours, Céline achète un bouquet de fleurs et court vers le métro pour se rendre à l'hôpital. Quand elle entre dans la chambre de Christophe, elle le retrouve comme la veille, comme **endormi**, sans réaction. Elle dépose les fleurs dans un vase et s'assoit près de lui. Elle lui parle, et

comme il ne réagit pas, elle ne sait pas si elle doit continuer. Une **infirmière** qui passe par la chambre la voit et lui explique : « N'hésitez pas à lui parler, mademoiselle, il vous entend certainement, même s'il n'a aucune réaction. » Alors Céline continue. Elle lui raconte sa journée, elle lui dit qu'elle est inquiète et elle lui dit qu'elle l'aime. Puis, comme elle ne sait pas quoi raconter, elle sort son téléphone pour lui lire les nouvelles à haute voix.

Elle regarde ses mails **brièvement** et voit une notification : elle ouvre, tout en expliquant à Christophe ce qu'elle est en train de faire. Puis elle s'arrête :

« Eh, Christophe ! dit-elle en souriant. Je suis convoquée pour un **entretien** pour un travail ! »

Pendu (adjectif) : hanged, hanging
Tant bien que mal (locution adverbiale) : in some way, to some extent
Événement (m) (nom commun) : event, occurrence
Auparavant (adverbe) : before, previously
Faire face à (locution verbale) : to face, to confront
Toujours (adverbe) : still
Endommagé (adjectif) : damaged
Heure de fermeture (f) (nom commun) : closing time
Endormi (adjectif) : asleep, sleeping
Infirmière (f) (nom commun) : nurse
Brièvement (adverbe) : briefly, shortly
Entretien (m) (nom commun) : interview

Christophe ne répond pas, mais elle est presque sûre qu'elle a vu un **sourire** sur son visage... Céline lit son mail à voix haute quand un médecin entre dans la pièce. Elle s'interrompt et le questionne immédiatement sur l'**état de santé** de son amoureux. Le médecin la rassure : le coma ne devrait pas durer. Son état va **mériter** une opération, et de longues semaines d'immobilisation puis de **rééducation**, mais Christophe n'est pas en danger **au-delà** de cela.

Même si c'est difficile, même si elle comprend que ça va être **dur** pour le professeur de tennis qu'il est, Céline se sent **soulagée**. Christophe va se réveiller et il va pouvoir marcher, courir. Elle espère du plus profond de son cœur qu'il pourra encore jouer au tennis et donner des cours. En attendant, Clara et elle n'auront pas de cours les samedis matin. Mais elles iront s'entraîner seules !

Quand le soir arrive, Clara passe par l'hôpital pour voir Christophe quelques minutes et **raccompagner** Céline chez elles. Un peu choquée de le voir dans le coma, elle lui parle un peu, mais elle ne sait pas **quoi** dire. Céline la rassure en lui donnant les nouvelles du médecin : Christophe s'en sortira avec de longs mois de rééducation, mais il va **se réveiller** et il va marcher. Puis Céline lui annonce la nouvelle : elle a un entretien d'embauche au musée de la Résistance !

Clara la serre dans ses bras. Enfin une bonne nouvelle ! L'entretien **se tiendra** la semaine prochaine, le lundi après-midi. Cela va permettre à Céline de se changer les idées, de penser à autre chose. Et puis, la vie continue. Les filles rentrent à la maison en bus, préparent une grosse salade et un thé, et, comme la veille, s'installent devant un bon film sur le canapé du salon. Scruffles, sur son lit, ronfle **à pleins poumons**. Céline semble retrouver un peu de sérénité.

Sourire (m) (nom commun) : smile
État de santé (m) (nom commun) : state of health
Mériter (verbe) : to merit, to deserve
Rééducation (f) (nom commun) : rehabilitation, physiotherapy
Au-delà (locution adverbiale) : beyond that, past that
Dur (adjectif) : hard, tough, difficult
Soulagé (adjectif) : relieved
Raccompagner (verbe) : to take [sb] somewhere, to accompany
Quoi (pronom) : what
Se réveiller (verbe pronominal) : to wake up
Se tenir (verbe pronominal) : to take place
À pleins poumons (locution adverbiale) : at the top of one's lungs

Les jours qui viennent vont être rythmés par les visites à l'hôpital et la fac. Chaque jour, Christophe **récupère** un peu plus. Dans le courant du week-end, il ouvre enfin les yeux : il sort du coma complètement le dimanche. Toute la famille vient le voir, et, bien sûr, Céline aussi. Très fatigué, il a encore du mal à comprendre ce qui lui est arrivé. Il ne se souvient pas de l'accident, il ne sait pas depuis **combien de temps** il se trouve à l'hôpital.

Céline reste de longues heures à côté de lui. Pendant qu'il dort, elle s'entraîne pour son entretien d'embauche et elle relit ses cours. Clara, pendant ce temps, s'occupe de la maison et de ses cours à elle. Adam commence à lui manquer **sévèrement** mais la vie est ainsi faite et il faut bien continuer ! Elle

et lui s'écrivent plusieurs **dizaines** de messages par jour, mais ils ne parlent pas encore de se revoir.

Quand vient le jour de l'entretien de Céline au musée de la Résistance, celle-ci est très nerveuse. Elle se rend à l'entretien dans une **tenue** chic et **sobre**, très en avance. L'entretien dure près d'une heure. Elle est questionnée sur ses motivations, ses connaissances historiques, sa **rigueur**, ses qualités, ses défauts, ses disponibilités en semaine et en week-end. Le musée cherche des étudiants capables de **mener** des visites guidées en anglais et en français, mais qui pourraient également travailler près des collections, pour assister le conservateur.

Céline sort de l'entretien épuisée et persuadée de l'avoir raté. Déçue d'elle-même, elle appelle Clara pour lui **proposer** une bière en terrasse, « pour oublier la catastrophe que je viens d'être, » dit-elle. Clara rit et accepte avec plaisir. Valentine se joint à elles, et les trois copines passent une fin d'après-midi détente et discussion en terrasse. Cela fait le plus grand bien à Céline, qui vient de **traverser** une semaine très difficile. Elles rentrent un peu avant minuit, très fatiguées, et elles s'effondrent chacune très rapidement dans leurs lits.

Le lendemain matin, Céline regarde ses messages en se réveillant et **bondit** hors de son lit : « j'ai le job ! » **crie**-t-elle, réveillant Scruffles et Clara.

Récupérer (verbe) : to recover
Combien de temps (locution interrogative) : How long?
Sévèrement (adverbe) : severely, harshly
Dizaine (f) (nom commun) : ten, around ten
Tenue (f) (nom commun) : outfit
Sobre (adjectif) : sober, simple, not excessive
Rigueur (f) (nom commun) : rigor, discipline
Mener (verbe) : to lead, to conduct
Proposer (verbe) : to suggest
Traverser (verbe) : to cross, to go through
Bondir (verbe) : to leap, to jump
Crier (verbe) : to shout, to scream

Questions (Chapitre 5)

1. Pourquoi Céline trouve-t-elle difficile de se concentrer sur ses cours ?
a) Parce qu'elle est fatiguée
b) Parce qu'elle est distraite par son téléphone
c) Parce qu'elle trouve ses cours futiles en ce moment
d) Parce qu'elle est préoccupée par l'accident de Christophe

2. Que fait Céline lorsqu'elle rend visite à Christophe à l'hôpital ?
a) Elle lui chante des chansons
b) Elle lui lit des nouvelles à haute voix
c) Elle lui prépare une liste de tâches à faire
d) Elle lui donne des fleurs et s'en va

3. Pourquoi Céline se sent-elle soulagée après avoir parlé au médecin ?
a) Parce que Christophe va pouvoir retourner au tennis
b) Parce que Christophe va se réveiller et pouvoir marcher
c) Parce que Christophe n'a pas besoin d'opération
d) Parce que Christophe ne sera pas immobilisé pendant longtemps

4. Quelle nouvelle réconfortante Céline annonce-t-elle à Clara ?
a) Elle a un entretien d'embauche au musée de la Résistance
b) Christophe est déjà réveillé
c) Les cours de tennis reprendront dès la semaine prochaine
d) Elle a décidé de prendre des cours de rééducation avec Christophe

5. Quelle est la réaction de Céline après son entretien d'embauche au musée de la Résistance ?
a) Elle est satisfaite et convaincue d'avoir réussi
b) Elle est surprise et ne sait pas quoi penser
c) Elle est déçue et pense avoir raté l'entretien
d) Elle est indifférente et ne se soucie pas du résultat

5. La vie continue, Céline trouve un emploi

La journée est longue pour Céline. Pendue à son téléphone, elle essaye tant bien que mal de se concentrer sur les cours. Elle a beaucoup de mal à comprendre pourquoi le monde ne s'arrête pas en même tant que l'accident. C'est très difficile pour elle de réaliser que cet accident n'est qu'un événement dans un océan d'autres événements, et ses cours lui semblent tout à fait futiles. Elle n'a jamais ressenti cela auparavant.

Pourtant elle sait qu'elle doit faire face à la situation en continuant sa semaine. C'est la rentrée universitaire et il n'est pas question qu'elle manque des cours. À midi, elle appelle la mère de Christophe. Les nouvelles ne sont pas bonnes : Christophe est toujours dans le coma, les médecins veulent faire des radios complémentaires. La colonne vertébrale semble touchée, mais pas trop endommagée. Rien n'est très clair à ce stade. Céline pourra lui rendre visite après ses cours, avant vingt heures, heure de fermeture des visites.

À la sortie de ses cours, Céline achète un bouquet de fleurs et court vers le métro pour se rendre à l'hôpital. Quand elle entre dans la chambre de Christophe, elle le retrouve comme la veille, comme endormi, sans réaction. Elle dépose les fleurs dans un vase et s'assoit près de lui. Elle lui

5. Life goes on, Céline finds a job

It's a long day for Céline. Hanging on her phone, she tries as best she can to concentrate on her lessons. She finds it hard to understand why the world doesn't stop when the accident does. It's very hard for her to realize that this accident is just one event in a sea of other events, and her lessons seem completely futile. She's never felt like this before.

Yet she knows she must face up to the situation and get on with her week. It's the start of the university year, and missing classes is out of the question. At midday, she calls Christophe's mother. The news is not good: Christophe is still in a coma, and the doctors want to take further x-rays. The spine seems to be affected, but not too badly. Nothing is very clear at this stage. Céline will be able to visit him after her lessons, before 8 pm, when visiting hours close.

On leaving school, Céline buys a bouquet of flowers and runs to the metro to get to the hospital. When she enters Christophe's room, she finds him asleep and unresponsive as the day before. She places the flowers in a vase and sits down beside him. She talks to him, and as he doesn't

parle, et comme il ne réagit pas, elle ne sait pas si elle doit continuer. Une infirmière qui passe par la chambre la voit et lui explique : « N'hésitez pas à lui parler, mademoiselle, il vous entend certainement, même s'il n'a aucune réaction. » Alors Céline continue. Elle lui raconte sa journée, elle lui dit qu'elle est inquiète et elle lui dit qu'elle l'aime. Puis, comme elle ne sait pas quoi raconter, elle sort son téléphone pour lui lire les nouvelles à haute voix.

Elle regarde ses mails brièvement et voit une notification : elle ouvre, tout en expliquant à Christophe ce qu'elle est en train de faire. Puis elle s'arrête :

« Eh, Christophe ! dit-elle en souriant. Je suis convoquée pour un entretien pour un travail ! »

Christophe ne répond pas, mais elle est presque sûre qu'elle a vu un sourire sur son visage... Céline lit son mail à voix haute quand un médecin entre dans la pièce. Elle s'interrompt et le questionne immédiatement sur l'état de santé de son amoureux. Le médecin la rassure : le coma ne devrait pas durer. Son état va mériter une opération, et de longues semaines d'immobilisation puis de rééducation, mais Christophe n'est pas en danger au-delà de cela.

Même si c'est difficile, même si elle comprend que ça va être dur pour le professeur de tennis qu'il est, Céline

react, she doesn't know if she should continue. A nurse passing by the room sees her and explains, "Don't hesitate to talk to him, miss, he can certainly hear you, even if he has no reaction." So Céline continues. She tells him about her day, how worried she is and how much she loves him. Then, because she doesn't know what to tell him, she pulls out her phone to read the news aloud.

She looks briefly at her e-mails and sees a notification: she opens it, while explaining to Christophe what she's doing. Then she stops:

"Hey, Christophe! she says, smiling. I've been called in for a job interview!"

Christophe doesn't reply, but she's pretty sure she saw a smile on his face... Céline is reading her e-mail aloud when a doctor enters the room. She stops and immediately asks him about her lover's state of health. The doctor reassures her that the coma should not last. His condition will require an operation, and long weeks of immobilization and rehabilitation, but Christophe is in no danger beyond that.

Even if it's difficult, even if she understands that it's going to be hard for the tennis teacher that he

se sent soulagée. Christophe va se réveiller et il va pouvoir marcher, courir. Elle espère du plus profond de son cœur qu'il pourra encore jouer au tennis et donner des cours. En attendant, Clara et elle n'auront pas de cours les samedis matin. Mais elles iront s'entraîner seules !	is, Céline feels relieved. Christophe will wake up and be able to walk and run. She hopes from the bottom of her heart that he'll still be able to play tennis and give lessons. In the meantime, she and Clara won't have lessons on Saturday mornings. But they'll be training on their own!
Quand le soir arrive, Clara passe par l'hôpital pour voir Christophe quelques minutes et raccompagner Céline chez elles. Un peu choquée de le voir dans le coma, elle lui parle un peu, mais elle ne sait pas quoi dire. Céline la rassure en lui donnant les nouvelles du médecin : Christophe s'en sortira avec de longs mois de rééducation, mais il va se réveiller et il va marcher. Puis Céline lui annonce la nouvelle : elle a un entretien d'embauche au musée de la Résistance !	When evening arrives, Clara drops by the hospital to see Christophe for a few minutes and to take Céline home. A little shocked to see him in a coma, she talks to him a little, but doesn't know what to say. Céline reassures her with the doctor's news: Christophe will get through the long months of rehabilitation, but he will wake up and walk. Then Céline tells her the news: she has a job interview at the Musée de la Résistance!
Clara la serre dans ses bras. Enfin une bonne nouvelle ! L'entretien se tiendra la semaine prochaine, le lundi après-midi. Cela va permettre à Céline de se changer les idées, de penser à autre chose. Et puis, la vie continue. Les filles rentrent à la maison en bus, préparent une grosse salade et un thé, et, comme la veille, s'installent devant un bon film sur le canapé du salon. Scruffles, sur son lit, ronfle à pleins poumons. Céline semble retrouver un peu de sérénité.	Clara hugs her. Good news at last! The interview will take place next week, on Monday afternoon. This will give Céline a chance to take her mind off things and think about other things. And then, life goes on. The girls take the bus home, prepare a big salad and a cup of tea, and, as they did the day before, settle down to a good film on the sofa in the living room. Scruffles, on her bed, is snoring his lungs out. Céline seems to be regaining some of her serenity.
Les jours qui viennent vont être rythmés par les visites à l'hôpital	The coming days will be punctuated by visits to the hospital and college.

et la fac. Chaque jour, Christophe récupère un peu plus. Dans le courant du week-end, il ouvre enfin les yeux : il sort du coma complètement le dimanche. Toute la famille vient le voir, et, bien sûr, Céline aussi. Très fatigué, il a encore du mal à comprendre ce qui lui est arrivé. Il ne se souvient pas de l'accident, il ne sait pas depuis combien de temps il se trouve à l'hôpital.

Céline reste de longues heures à côté de lui. Pendant qu'il dort, elle s'entraîne pour son entretien d'embauche et elle relit ses cours. Clara, pendant ce temps, s'occupe de la maison et de ses cours à elle. Adam commence à lui manquer sévèrement mais la vie est ainsi faite et il faut bien continuer ! Elle et lui s'écrivent plusieurs dizaines de messages par jour, mais ils ne parlent pas encore de se revoir.

Quand vient le jour de l'entretien de Céline au musée de la Résistance, celle-ci est très nerveuse. Elle se rend à l'entretien dans une tenue chic et sobre, très en avance. L'entretien dure près d'une heure. Elle est questionnée sur ses motivations, ses connaissances historiques, sa rigueur, ses qualités, ses défauts, ses disponibilités en semaine et en week-end. Le musée cherche des étudiants capables de mener des visites guidées en anglais et en français, mais qui pourraient également travailler près des collections, pour assister le

Every day, Christophe recovers a little more. Over the weekend, he finally opened his eyes and came out of the coma completely on Sunday. The whole family came to see him, including Céline, of course. Very tired, he still has trouble understanding what happened to him. He doesn't remember the accident, he doesn't know how long he's been in hospital.

Céline stays by his side for long hours. While he sleeps, she practices for his job interview and rereads his lectures. Clara, meanwhile, takes care of the house and her own classes. She's beginning to miss Adam severely, but that's the way life is and you've got to keep going! She and he write dozens of messages to each other every day, but they don't talk about seeing each other again.

When the day came for Céline's interview at the Musée de la Résistance, she was very nervous. She goes to the interview in a smart, sober outfit, well ahead of schedule. The interview lasts almost an hour. She is asked about her motivations, historical knowledge, thoroughness, qualities, shortcomings and availability during the week and at weekends. The museum is looking for students who can lead guided tours in English and French, but who could also work close to the collections, assisting the curator.

conservateur.

Céline sort de l'entretien épuisée et persuadée de l'avoir raté. Déçue d'elle-même, elle appelle Clara pour lui proposer une bière en terrasse, « pour oublier la catastrophe que je viens d'être, » dit-elle. Clara rit et accepte avec plaisir. Valentine se joint à elles, et les trois copines passent une fin d'après-midi détente et discussion en terrasse. Cela fait le plus grand bien à Céline, qui vient de traverser une semaine très difficile. Elles rentrent un peu avant minuit, très fatiguées, et elles s'effondrent chacune très rapidement dans leurs lits.

Le lendemain matin, Céline regarde ses messages en se réveillant et bondit hors de son lit : « j'ai le job ! » crie-t-elle, réveillant Scruffles et Clara.

Céline leaves the interview exhausted and convinced she's missed it. Disappointed with herself, she calls Clara to propose a beer on the terrace, "to forget the disaster I've just been," she says. Clara laughs and gladly accepts. Valentine joins them, and the three spend a relaxing afternoon chatting on the terrace. It does Céline a world of good, as she's just had a very difficult week. They return home just before midnight, very tired, and each quickly collapses into bed.

The next morning, Céline wakes up looking at her messages and leaps out of bed: "I've got the job!" she shouts, waking Scruffles and Clara.

Questions (Chapitre 5)

1. Pourquoi Céline trouve-t-elle difficile de se concentrer sur ses cours ?
a) Parce qu'elle est fatiguée
b) Parce qu'elle est distraite par son téléphone
c) Parce qu'elle trouve ses cours futiles en ce moment
d) Parce qu'elle est préoccupée par l'accident de Christophe

2. Que fait Céline lorsqu'elle rend visite à Christophe à l'hôpital ?
a) Elle lui chante des chansons
b) Elle lui lit des nouvelles à haute voix
c) Elle lui prépare une liste de tâches à faire
d) Elle lui donne des fleurs et s'en va

3. Pourquoi Céline se sent-elle soulagée après avoir parlé au médecin ?
a) Parce que Christophe va pouvoir retourner au tennis
b) Parce que Christophe va se réveiller et pouvoir marcher
c) Parce que Christophe n'a pas besoin d'opération
d) Parce que Christophe ne sera pas immobilisé pendant longtemps

4. Quelle nouvelle réconfortante Céline annonce-t-elle à Clara ?
a) Elle a un entretien d'embauche au musée de la Résistance
b) Christophe est déjà réveillé
c) Les cours de tennis reprendront

Questions (Chapter 5)

1. Why does Céline find it difficult to concentrate on her studies?
a) Because she is tired
b) Because she is distracted by her phone
c) Because she finds her courses futile at the moment
d) Because she is preoccupied with Christophe's accident

2. What does Céline do when she visits Christophe in the hospital?
a) She sings songs to him
b) She reads news aloud to him
c) She prepares a to-do list for him
d) She gives him flowers and leaves

3. Why does Céline feel relieved after speaking to the doctor?
a) Because Christophe will be able to return to tennis
b) Because Christophe will wake up and be able to walk
c) Because Christophe doesn't need surgery
d) Because Christophe won't be immobilized for long

4. What comforting news does Céline announce to Clara?
a) She has a job interview at the Resistance Museum
b) Christophe is already awake
c) Tennis lessons will resume starting

dès la semaine prochaine	next week
d) Elle a décidé de prendre des cours de rééducation avec Christophe	d) She has decided to take rehabilitation lessons with Christophe

5. Quelle est la réaction de Céline après son entretien d'embauche au musée de la Résistance ?
a) Elle est satisfaite et convaincue d'avoir réussi
b) Elle est surprise et ne sait pas quoi penser
c) Elle est déçue et pense avoir raté l'entretien
d) Elle est indifférente et ne se soucie pas du résultat

5. What is Céline's reaction after her job interview at the Resistance Museum?
a) She is satisfied and convinced she succeeded
b) She is surprised and unsure what to think
c) She is disappointed and thinks she failed the interview
d) She is indifferent and doesn't care about the result

6. Il est arrivé quelque chose à Valentine

Que d'événements en ce début de semestre : la rentrée universitaire, Adam, l'accident de Christophe, le nouveau job de Céline… Clara est un peu **déboussolée**. Il se passe beaucoup de choses et elle a déjà un peu de difficultés à **se concentrer** sur ce qui est important dans son quotidien, **c'est-à-dire** la fac et son travail. Depuis une semaine, elle a repris le tutorat avec sa **boîte**. Elle a déjà quelques élèves, qu'elle a soit en ligne, soit chez eux. Elle est un peu **débordée** par tout ça, son travail, Céline…

De son côté, Céline est **extrêmement** inquiète pour Christophe, bien que rassurée qu'il soit maintenant réveillé. Ils s'écrivent souvent pendant la journée, et elle va le voir presque chaque jour. Mais elle est aussi très contente de son nouveau travail. Ce n'est pas en **rapport** direct avec ses études de droit, mais c'est très intéressant. Elle a toujours aimé le musée de la Résistance et elle s'intéresse de près à l'histoire de la **Seconde Guerre mondiale**. Pour fêter son nouveau **poste**, elle propose un verre en terrasse avec Valentine, Max, Constance et Clara le vendredi suivant. Tout le monde répond présent – tout le monde sauf Valentine, qui dit seulement qu'elle est fatiguée et qu'elle préfère se reposer ce week-end.

Clara est un peu surprise : voilà une semaine que Valentine est un peu

différente. Déjà, elle était **plus** nerveuse que d'habitude le jour de la rentrée. Pas vraiment nerveuse, mais un peu **agacée**. Cela ne lui ressemble pas. Et puis, elle **est** toujours **partante pour** aller boire un verre avec ses amis, d'habitude ! Elle s'est montrée très gentille pour aider avec les cours le jour de l'accident de Christophe, mais à part ça, Clara trouve son amie très distante. Elle se promet de l'inviter à boire un thé un peu plus tard dans la semaine pour investiguer ; peut-être que quelque chose ne va pas dans sa vie, après tout. Elle voudrait **en avoir le cœur net**.

Déboussolé (adjectif) : disoriented, confused
Se concentrer (verbe pronominal) : to concentrate, to focus
C'est-à-dire (locution adverbiale) : that is to say, in other words
Boîte (f) (nom commun) : company, business (in this context)
Débordé (adjectif) : overwhelmed, overloaded
Extrêmement (adverbe) : extremely
Rapport (m) (nom commun) : connection, link, relation
Seconde Guerre mondiale (f) (nom propre) : World War II
Poste (f) (nom commun) : position
Plus (adverbe) : more
Agacé (adjectif) : annoyed, irritated
Être partant pour (locution verbale) : to be up for something
En avoir le cœur net (locution verbale) : to find out the truth, to be sure

La semaine passe, et Valentine est de plus en plus **fuyante**. Elle attend Clara à la fac, **comme toujours**, et elles discutent un peu, mais Valentine n'est jamais disponible pour boire un thé ou pour aller à la bibliothèque. À plusieurs reprises, elle refuse et trouve un **prétexte** sans importance ou obscure. Clara commence même à s'inquiéter. Si bien que le vendredi, elle rappelle à Valentine :

« Tu te souviens qu'on va célébrer le nouveau travail de Céline ce soir ? dit-elle. On va à la Migraine. Tu viens ?

- Ah, non, j'avais répondu à Céline, je lui ai dit, je suis désolée mais je préfère **me reposer**, répond Valentine.

- Te reposer un vendredi soir ? s'étonne Clara. Mais tu te reposes tous les soirs en ce moment ! Tu es sûre que ça va ?

- **Bah** oui, ça va ! rétorque Valentine. Depuis quand on n'a pas le droit de se

reposer ?

- Non, bon, ok, je voulais juste vérifier. Ne le prends pas mal, je m'inquiète un peu, c'est tout, dit alors Clara, un peu **vexée**.

- Inquiète pour quoi **au juste** ? dit Valentine, sur un ton encore plus agacé. J'ai juste besoin de temps pour moi, c'est pas compliqué. »

Clara ne comprend qu'une seule chose : il est **inutile** d'insister, Valentine ne veut pas lui parler. Elle comprend aussi qu'il y a quelque chose qui ne va pas. Ça ne peut pas être une bonne chose, elle se montre presque agressive quand on lui pose des questions. Elle décide de ne pas insister **plus longtemps**, et lui dit simplement qu'elle est là pour elle, si elle a besoin de parler. Valentine la salue et s'en va en direction de chez elle.

Clara est très **interloquée**. Cette attitude est définitivement **étrange**, de la part d'une fille d'ordinaire si sympa. Elle décide de marcher en direction de la Migraine, avec son livre. Elle est en avance mais elle pourra bouquiner en attendant les autres. Sur le chemin, elle met son casque et elle écoute un podcast, son activité favorite. Sans le vouloir, elle emprunte le même chemin que Valentine. Elle la suit, sans vraiment la suivre, **de loin**.

Fuyant (adjectif) : elusive, fleeting
Comme toujours (locution adverbiale) : as always
Prétexte (m) (nom commun) : pretext, excuse
Se reposer (verbe pronominal) : to rest
Bah (interjection) : well, oh well
Vexé (adjectif) : offended, upset
Au juste (locution adverbiale) : exactly, precisely
Inutile (adjectif) : useless, pointless
Plus longtemps (locution adverbiale) : much longer, any more
Interloqué (adjectif) : dumbstruck, taken aback
Étrange (adjectif) : strange, peculiar
De loin (locution adverbiale) : from a distance, by far

Puis, **au moment où** Valentine devrait tourner à droite pour aller en direction de **chez elle**, elle tourne en fait à gauche. Clara est très surprise. Elle n'a pas vraiment **envie de** suivre son amie, mais elle est trop étonnée pour ne pas aller plus loin.

Elle décide alors de tourner à gauche également, juste sur quelques mètres, pour voir. Puisqu'elle est en avance, elle peut bien faire un petit détour. Elles sont sur le quartier de la Presqu'île, et il y a **beaucoup de monde**. Valentine ne la verra sûrement pas ; et puis, elle se promène, après tout, elle ne fait rien de mal.

Clara n'a pas besoin de marcher bien longtemps pour découvrir ce qui **retient** Valentine de venir fêter le nouvel emploi de Céline ce soir : après quelques mètres seulement, elle s'arrête sur une terrasse et **enlace** un jeune homme dans ses bras. Clara est encore plus surprise, à présent : Valentine a un copain. Mais ce qui est surprenant, ce n'est pas qu'elle ait un copain, c'est qu'elle ne le dise pas ! Qu'a-t-elle à **cacher** ? Et puis, pourquoi être de mauvaise humeur quand on est amoureux ? Pour Clara, cela n'a **aucun** sens.

Elle ne va pas plus loin, **rebrousse chemin** et se dirige à nouveau vers la Migraine, tout en réfléchissant. Elle a complètement oublié le sujet du podcast qui défile dans ses oreilles. Elle est toute à ses pensées. Valentine a un copain et visiblement, elle ne veut pas que ça se sache. Le garçon semblait tout à fait normal : assez grand, **blouson** noir... **À vrai dire**, elle ne l'a pas bien vu, seulement de dos, mais elle ne lui a pas trouvé l'allure **louche**. Pourtant, il doit bien y avoir une raison, pour que Valentine le tienne secret.

Le soir, en buvant un verre avec ses amis, Clara **se confie à** Constance. Elle lui explique ce qu'elle a vu, et bientôt, toute la table écoute et se pose la question : qu'arrive-t-il à Valentine ?

Au moment où (locution conjonction) : as, when, at the moment
Chez elle (locution adverbiale) : her house, her home, her place
Avoir envie de (locution verbale) : to feel like, to want to do [sth]
Beaucoup de monde (locution adverbiale) : a lot of people
Retenir (verbe) : to retain, to hold back
Enlacer (verbe) : to hug, to embrace
Cacher (verbe) : to hide
Aucun (pronom) : none, not any
Rebrousser chemin (locution verbale) : to turn back
Blouson (m) (nom commun) : jacket
À vrai dire (expression) : to tell the truth, to be honest
Louche (adjectif) : suspicious, shady
Se confier à (verbe pronominal) : to confide in

Questions (Chapitre 6)

1. Pourquoi Clara est-elle déboussolée en ce début de semestre ?
a) Parce qu'elle est préoccupée par l'accident de Christophe
b) Parce qu'elle a du mal à se concentrer sur ses études et son travail
c) Parce qu'elle n'a pas parlé avec Adam
d) Parce qu'elle doit s'occuper de ses nouveaux élèves en ligne

2. Pourquoi Céline propose-t-elle un verre en terrasse avec ses amis ?
a) Pour célébrer son nouveau travail
b) Pour fêter le réveil de Christophe
c) Pour discuter de ses études de droit
d) Pour organiser une sortie au musée de la Résistance

3. Pourquoi Clara est-elle inquiète pour Valentine ?
a) Parce qu'elle pense que Valentine a des problèmes personnels
b) Parce qu'elle trouve que Valentine est trop occupée
c) Parce qu'elle refuse de passer du temps avec elle et donne des excuses vagues
d) Parce qu'elle est contrariée que Valentine ne lui parle pas de ses problèmes

4. Pourquoi Clara décide-t-elle de suivre Valentine ?
a) Parce que Valentine emprunte le même chemin qu'elle
b) Parce qu'elle veut la surprendre
c) Parce qu'elle veut lui parler
d) Parce qu'elle est curieuse de savoir ce qui retient Valentine

5. Quelle est la réaction de Clara lorsqu'elle découvre que Valentine a un copain ?
a) Elle est surprise que Valentine ne lui en ait pas parlé
b) Elle est heureuse pour Valentine
c) Elle est en colère contre Valentine
d) Elle est indifférente à la nouvelle

6. Il est arrivé quelque chose à Valentine

Que d'événements en ce début de semestre : la rentrée universitaire, Adam, l'accident de Christophe, le nouveau job de Céline... Clara est un peu déboussolée. Il se passe beaucoup de choses et elle a déjà un peu de difficultés à se concentrer sur ce qui est important dans son quotidien, c'est-à-dire la fac et son travail. Depuis une semaine, elle a repris le tutorat avec sa boîte. Elle a déjà quelques élèves, qu'elle a soit en ligne, soit chez eux. Elle est un peu débordée par tout ça, son travail, Céline...

De son côté, Céline est extrêmement inquiète pour Christophe, bien que rassurée qu'il soit maintenant réveillé. Ils s'écrivent souvent pendant la journée, et elle va le voir presque chaque jour. Mais elle est aussi très contente de son nouveau travail. Ce n'est pas en rapport direct avec ses études de droit, mais c'est très intéressant. Elle a toujours aimé le musée de la Résistance et elle s'intéresse de près à l'histoire de la Seconde Guerre mondiale. Pour fêter son nouveau poste, elle propose un verre en terrasse avec Valentine, Max, Constance et Clara le vendredi suivant. Tout le monde répond présent – tout le monde sauf Valentine, qui dit seulement qu'elle est fatiguée et qu'elle préfère se reposer ce week-end.

6. Something happened to Valentine

There's been so much going on at the start of this semester: the start of the university year, Adam, Christophe's accident, Céline's new job... Clara is a bit disoriented. There's a lot going on, and she's already finding it hard to concentrate on what's important in her day-to-day life: college and work. A week ago, she started tutoring again with her company. She already has a few students, either online or at home. She's a bit overwhelmed by it all, her work, Céline...

For her part, Céline is extremely worried about Christophe, though reassured that he is now awake. They write to each other often during the day, and she goes to see him almost every day. But she's also very happy with her new job. It's not directly related to her law studies, but it's very interesting. She's always loved the Musée de la Résistance, and she's very interested in the history of the Second World War. To celebrate her new position, she invites Valentine, Max, Constance and Clara for a drink on the terrace the following Friday. Everyone is there - everyone except Valentine, who only says she's tired and would rather take the weekend off.

Clara est un peu surprise : voilà une semaine que Valentine est un peu différente. Déjà, elle était plus nerveuse que d'habitude le jour de la rentrée. Pas vraiment nerveuse, mais un peu agacée. Cela ne lui ressemble pas. Et puis, elle est toujours partante pour aller boire un verre avec ses amis, d'habitude ! Elle s'est montrée très gentille pour aider avec les cours le jour de l'accident de Christophe, mais à part ça, Clara trouve son amie très distante. Elle se promet de l'inviter à boire un thé un peu plus tard dans la semaine pour investiguer ; peut-être que quelque chose ne va pas dans sa vie, après tout. Elle voudrait en avoir le cœur net.	Clara is a little surprised: Valentine has been a little different for a week now. Already, she was more nervous than usual on the first day of school. Not really nervous, but a little annoyed. That's not like her. Besides, she's usually up for a drink with her friends! She was very kind to help with the lessons on the day of Christophe's accident, but apart from that, Clara finds her friend very distant. She promises herself that she'll invite her for tea later in the week to investigate; maybe there's something wrong in her life after all. She'd like to know for sure.
La semaine passe, et Valentine est de plus en plus fuyante. Elle attend Clara à la fac, comme toujours, et elles discutent un peu, mais Valentine n'est jamais disponible pour boire un thé ou pour aller à la bibliothèque. À plusieurs reprises, elle refuse et trouve un prétexte sans importance ou obscure. Clara commence même à s'inquiéter. Si bien que le vendredi, elle rappelle à Valentine :	As the week goes by, Valentine becomes more and more elusive. She waits for Clara at the university, as always, and they chat a little, but Valentine is never available for tea or to go to the library. On several occasions, she refuses and finds an unimportant or obscure pretext. Clara even begins to worry. So much so that on Friday, she reminds Valentine:
« Tu te souviens qu'on va célébrer le nouveau travail de Céline ce soir ? dit-elle. On va à la Migraine. Tu viens ?	"Remember we're going to celebrate Céline's new job tonight? she says. We're going to the Migraine. Wanna come?
- Ah, non, j'avais répondu à Céline, je lui ai dit, je suis désolée mais je préfère me reposer, répond Valentine.	- Ah, no, I had answered Céline, I told her, I'm sorry but I'd rather rest, replies Valentine.

- Te reposer un vendredi soir ? s'étonne Clara. Mais tu te reposes tous les soirs en ce moment ! Tu es sûre que ça va ?

- Bah oui, ça va ! rétorque Valentine. Depuis quand on n'a pas le droit de se reposer ?

- Non, bon, ok, je voulais juste vérifier. Ne le prends pas mal, je m'inquiète un peu, c'est tout, dit alors Clara, un peu vexée.

- Inquiète pour quoi au juste ? dit Valentine, sur un ton encore plus agacé. J'ai juste besoin de temps pour moi, c'est pas compliqué. »

Clara ne comprend qu'une seule chose : il est inutile d'insister, Valentine ne veut pas lui parler. Elle comprend aussi qu'il y a quelque chose qui ne va pas. Ça ne peut pas être une bonne chose, elle se montre presque agressive quand on lui pose des questions. Elle décide de ne pas insister plus longtemps, et lui dit simplement qu'elle est là pour elle, si elle a besoin de parler. Valentine la salue et s'en va en direction de chez elle.

Clara est très interloquée. Cette attitude est définitivement étrange, de la part d'une fille d'ordinaire si sympa. Elle décide de marcher en direction de la Migraine, avec son livre. Elle est en avance mais elle pourra bouquiner en attendant les

- Rest on a Friday night? exclaims Clara. But you're resting every night at the moment! Are you sure you're okay?

- Yes, I'm fine! retorts Valentine. Since when are we not allowed to rest?

- No, well, okay, I was just checking. Don't get me wrong, I'm just a little worried, that's all, says Clara, a little offended.

- Worried about what exactly? says Valentine, in an even more annoyed tone. I just need some time to myself, that's all."

Clara understands only one thing: there's no point in insisting, Valentine doesn't want to talk to her. She also understands that there's something wrong. This can't be a good thing; she's almost aggressive when asked questions. She decides not to insist any longer, and simply tells her that she's there for her, if she needs to talk. Valentine waves her off and heads for home.

Clara was taken aback. This attitude is definitely strange, coming from such a nice girl. She decides to walk towards the Migraine with her book. She's early, but she'll be able to read while waiting for the others. On the way, she puts on her headphones

autres. Sur le chemin, elle met son casque et elle écoute un podcast, son activité favorite. Sans le vouloir, elle emprunte le même chemin que Valentine. Elle la suit, sans vraiment la suivre, de loin.

Puis, au moment où Valentine devrait tourner à droite pour aller en direction de chez elle, elle tourne en fait à gauche. Clara est très surprise. Elle n'a pas vraiment envie de suivre son amie, mais elle est trop étonnée pour ne pas aller plus loin.

Elle décide alors de tourner à gauche également, juste sur quelques mètres, pour voir. Puisqu'elle est en avance, elle peut bien faire un petit détour. Elles sont sur le quartier de la Presqu'île, et il y a beaucoup de monde. Valentine ne la verra sûrement pas ; et puis, elle se promène, après tout, elle ne fait rien de mal.

Clara n'a pas besoin de marcher bien longtemps pour découvrir ce qui retient Valentine de venir fêter le nouvel emploi de Céline ce soir : après quelques mètres seulement, elle s'arrête sur une terrasse et enlace un jeune homme dans ses bras. Clara est encore plus surprise, à présent : Valentine a un copain. Mais ce qui est surprenant, ce n'est pas qu'elle ait un copain, c'est qu'elle ne le dise pas ! Qu'a-t-elle à cacher ? Et puis, pourquoi être de mauvaise humeur quand on est amoureux ? Pour Clara,

and listens to a podcast, her favorite activity. Unwittingly, she takes the same path as Valentine. She follows her, without really following her, from a distance.

Then, just as Valentine should be turning right to head for home, she turns left. Clara is very surprised. She doesn't really want to follow her friend, but she's too astonished not to go any further.

So she decides to turn left too, just for a few metres, just to see. Since she's ahead of schedule, she might as well take a little detour. They're in the Presqu'île district, and it's very crowded. Valentine certainly won't see her; besides, she's out for a walk, after all, she's not doing anything wrong.

Clara doesn't need to walk far to discover what's keeping Valentine from coming to celebrate Céline's new job tonight: after just a few meters, she stops on a terrace and embraces a young man. Clara is even more surprised now: Valentine has a boyfriend. But the surprising thing isn't that she has a boyfriend, it's that she won't tell anyone! What does she have to hide? Besides, why be in a bad mood when you're in love? It doesn't make sense to Clara.

cela n'a aucun sens.

Elle ne va pas plus loin, rebrousse chemin et se dirige à nouveau vers la Migraine, tout en réfléchissant. Elle a complètement oublié le sujet du podcast qui défile dans ses oreilles. Elle est toute à ses pensées. Valentine a un copain et visiblement, elle ne veut pas que ça se sache. Le garçon semblait tout à fait normal : assez grand, blouson noir... À vrai dire, elle ne l'a pas bien vu, seulement de dos, mais elle ne lui a pas trouvé l'allure louche. Pourtant, il doit bien y avoir une raison, pour que Valentine le tienne secret.

Le soir, en buvant un verre avec ses amis, Clara se confie à Constance. Elle lui explique ce qu'elle a vu, et bientôt, toute la table écoute et se pose la question : qu'arrive-t-il à Valentine ?

She doesn't go any further, turns back and heads back to the Migraine, all the while thinking. She's completely forgotten about the podcast that's playing in her ears. She's all in her thoughts. Valentine has a boyfriend and obviously doesn't want anyone to know. The boy seemed perfectly normal: quite tall, black jacket... To tell the truth, she didn't get a good look at him, only from behind, but she didn't think he looked at all suspicious. Still, there must be a reason why Valentine kept him a secret.

That evening, over drinks with her friends, Clara confides in Constance. She explains what she's seen, and soon the whole table is listening, wondering: what's happening to Valentine?

Questions (Chapitre 6)

1. Pourquoi Clara est-elle déboussolée en ce début de semestre ?
a) Parce qu'elle est préoccupée par l'accident de Christophe
b) Parce qu'elle a du mal à se concentrer sur ses études et son travail
c) Parce qu'elle n'a pas parlé avec Adam
d) Parce qu'elle doit s'occuper de ses nouveaux élèves en ligne

2. Pourquoi Céline propose-t-elle un verre en terrasse avec ses amis ?
a) Pour célébrer son nouveau travail
b) Pour fêter le réveil de Christophe
c) Pour discuter de ses études de droit
d) Pour organiser une sortie au musée de la Résistance

3. Pourquoi Clara est-elle inquiète pour Valentine ?
a) Parce qu'elle pense que Valentine a des problèmes personnels
b) Parce qu'elle trouve que Valentine est trop occupée
c) Parce qu'elle refuse de passer du temps avec elle et donne des excuses vagues
d) Parce qu'elle est contrariée que Valentine ne lui parle pas de ses problèmes

4. Pourquoi Clara décide-t-elle de suivre Valentine ?

Questions (Chapter 6)

1. Why is Clara disoriented at the beginning of the semester?
a) Because she is worried about Christophe's accident
b) Because she has trouble concentrating on her studies and work
c) Because she hasn't spoken with Adam
d) Because she has to take care of her new online students

2. Why does Céline suggest having a drink on the terrace with her friends?
a) To celebrate her new job
b) To celebrate Christophe's awakening
c) To discuss her law studies
d) To organize an outing to the Resistance Museum

3. Why is Clara worried about Valentine?
a) Because she thinks Valentine has personal problems
b) Because she finds Valentine too busy
c) Because she refuses to spend time with her and gives vague excuses
d) Because she is upset that Valentine doesn't talk to her about her problems

4. Why does Clara decide to follow Valentine?

a) Parce que Valentine emprunte le même chemin qu'elle
b) Parce qu'elle veut la surprendre
c) Parce qu'elle veut lui parler
d) Parce qu'elle est curieuse de savoir ce qui retient Valentine

5. Quelle est la réaction de Clara lorsqu'elle découvre que Valentine a un copain ?
a) Elle est surprise que Valentine ne lui en ait pas parlé
b) Elle est heureuse pour Valentine
c) Elle est en colère contre Valentine
d) Elle est indifférente à la nouvelle

a) Because Valentine takes the same route as her
b) Because she wants to surprise her
c) Because she wants to talk to her
d) Because she is curious to know what is holding Valentine back

5. What is Clara's reaction when she discovers that Valentine has a boyfriend?
a) She is surprised that Valentine didn't tell her about it
b) She is happy for Valentine
c) She is angry with Valentine
d) She is indifferent to the news

7. Déambulations nocturnes dans la ville de Lyon

La soirée de célébration pour le nouvel emploi de Céline au musée de la Résistance **se transforme** alors en grande discussion **au sujet** de Valentine. La gentille copine, toujours **serviable**, toujours prête à faire la fête ou à aller boire un café après les cours, est absente depuis plus de semaine ; cela est confirmé par Constance qui reconnaît bien qu'elle n'a plus de nouvelles non plus. Mais personne ne sait comment lui parler, comment la **raisonner**. Après tout, Valentine a le droit de **prendre des distances**. C'est juste que ses amis s'inquiètent pour elle.

Après deux heures en terrasse, la température s'étant rafraîchie, Céline propose de rentrer tranquillement à pied. Max, Constance, Clara et elle vont dans la même direction. Max se propose de payer l'**addition** pour tout le monde, puis le petit groupe se prépare pour une petite promenade **nocturne**. L'été se termine doucement, c'est très bientôt l'automne. Le fond de l'air est légèrement frais mais il est encore très agréable de se promener, avec un foulard sur les épaules.

Les quatre amis marchent **lentement** en discutant. Il est décidé que chacun essayera de contacter Valentine **à tour de rôle** dans la semaine qui vient. Clara espère **percer** le secret qui rend son amie si distante. Puis la conversation

dévie sur Christophe. À l'hôpital, il est **en attente d'**une opération assez lourde du dos. Céline explique ce qu'elle en a compris. Elle a surtout compris que Christophe est coincé à l'hôpital pour longtemps ; et puis, après son séjour à l'hôpital, il devra aller dans une maison de rééducation pour réapprendre à marcher, retrouver sa flexibilité et sa musculature. Heureusement qu'il a de la famille qui peut l'aider financièrement, car **pendant tout ce temps**, le coach de tennis ne peut pas exercer. Et, surtout, personne ne sait s'il pourra reprendre son activité professionnelle après l'accident.

Se transformer (verbe pronominal) : to change, to be transformed
Au sujet de (locution prépositionnel) : about, regarding
Serviable (adjectif) : helpful
Raisonner (verbe) : to reason, to think logically
Prendre ses distances (locution verbale) : to distance yourself
Addition (f) (nom commun) : bill, check
Nocturne (adjectif) : nocturnal, at night
Lentement (adverbe) : slowly
À tour de rôle (locution verbale) : in turns
Percer (verbe) : to unravel (in this context)
Dévier (verbe) : to deviate, to change direction
En attente (locution prépositionnelle) : awaiting, pending
Pendant tout ce temps (locution adverbiale) : during all that time

Mais Céline insiste : Christophe est vraiment fantastique. Depuis qu'il s'est réveillé, après l'accident, il **fait preuve d'**une incroyable **positivité**. Fidèle à lui-même, il fait des blagues, sourit, montre une grande confiance dans le personnel médical et, dit-il, dans sa « bonne étoile. » Vraiment, Céline voudrait avoir ne serait-ce qu'un quart de son courage !

La promenade est tellement **sympathique** que les amis font des détours. Par les quais de la Saône d'abord, puis dans les pentes de la Croix-Rousse, où ils s'arrêtent boire un dernier verre de vin. Ils **s'acheminent** ensuite **vers** les quais du Rhône. Les **lumières** de la ville se reflètent dans le **fleuve**. Les péniches, alignées **le long du** quai, ont-elles aussi de jolies lumières qui éclairent la soirée de très nombreux étudiants ou jeunes couples qui profitent de la fin de l'été. Ils s'assoient quelques minutes sur les quais de Rhône pour regarder le joli spectacle de l'**insouciance** du vendredi soir. Beaucoup de gens rient, quelques personnes semblent se disputer. **Ici et là**, un **joggeur** passe avec son chien ou un jeune couple se promène avec le leur.

Cela rappelle à Clara que son petit chien est seul à la maison en ce moment même. Elle décide de rentrer, et ses trois amis la suivent : il est déjà presque **minuit** et tout le monde est fatigué. En particulier Céline, qui a eu deux semaines très **éprouvantes**. Ce week-end sera dédié au repos avant de commencer son nouveau travail en parallèle de la fac. Clara, très bienveillante, passe plus de temps que d'habitude sur les tâches ménagères : ménage, linge, courses, cuisine... Pour décharger sa **colocataire**, qui est visiblement épuisée par les événements de ces deux dernières semaines.

Faire preuve de (locution verbale) : to show, to demonstrate
Positivité (f) (nom commun) : positivity
Sympathique (adjectif) : pleasant, nice, friendly
S'acheminer vers (verbe pronominal) : to make your way towards
Lumière (f) (nom commun) : light
Fleuve (m) (nom commun) : river
Le long de (locution prépositionnelle) : along, alongside
Insouciance (f) (nom commun) : carefreeness, lack of worry
Ici et là (locution adverbiale) : here and there
Joggeur (m) (nom commun) : jogger
Minuit (m) (nom commun) : midnight
Éprouvant (adjectif) : demanding, grueling
Colocataire (m, f) (nom commun) : roommate, housemate

Sur le chemin du retour, dans les pentes de la Croix-Rousse, Jules **fait son apparition**, comme un signe **de bon augure**, car Jules est toujours positif et souriant. Il les salue amicalement et lance sa petite phrase du jour : « Le bonheur est un rayon de soleil que la moindre ombre vient intercepter ! Alors profitez de vos heures de bonheur, les enfants ! » Ah, ce Jules. Toujours le mot juste. C'est incroyable comme il peut trouver la phrase qui correspond à la situation sans même savoir ce qui vous arrive.

Céline se sent immédiatement concernée, et elle adresse à Jules un grand merci, **du fond du cœur**. En effet, ces dernières semaines, la vie lui a rappelé de **manière** un peu brutale que le bonheur **ne tient qu'à un fil**. Clara lui prend le bras en signe de sollicitude, et les quatre amis reprennent leur route. En haut de la montée de la Grande-Côte, ils s'arrêtent un moment à regarder le paysage de la ville **enluminée** à leurs pieds. Puis ils se dirigent vers le petit immeuble de la rue Duviard. En chemin, ils **disent bonjour à** quelques voisins. La **patronne** du café des Trois Cochons, au coin de leur rue, est en train de ranger les tables. Quelques clients **tardifs** payent au comptoir. Le

restaurant d'en face ferme également ses portes et les derniers amoureux rentrent chez eux.

Quand elles passent la porte de l'appartement, Scruffles dort **paisiblement**. Mais il s'éveille quand il les voit pénétrer dans le salon, fou de joie. Cette boule de poil est vraiment un **infatigable** de l'amour. Cette dose quotidienne de bonheur qu'il donne aux filles est incroyable. Céline prépare un thé pendant que Clara promène le chien dix minutes dans le quartier. Puis, pour **prolonger** cette sympathique soirée, les filles installent le canapé dépliant et lancent un bon film. Malgré les hauts et les bas, le week-end commence bien !

Faire son apparition (locution verbale) : to appear
De bon augure (locution adjectivale) : auspicious
Du fond du cœur (locution adverbiale) : from the bottom of one's heart
Manière (f) (nom commun) : manner, way
Ne tenir qu'à un fil (locution verbale) : to hang by a thread
Enluminé (adjectif) : illuminated, brightly colored
Dire bonjour à (locution verbale + préposition) : to say hello to [sb]
Patron (m) (nom commun) : boss, employer
Tardif (adjectif) : late
Paisiblement (adverbe) : peacefully
Infatigable (adjectif) : tireless, relentless
Prolonger (verbe) : to extend, to prolong

Questions (Chapitre 7)

1. Quelle action les amis décident-ils de faire concernant Valentine ?
a) Ils décident de lui rendre visite chez elle
b) Ils décident de lui écrire une lettre
c) Ils décident de la contacter à tour de rôle dans la semaine
d) Ils décident de l'appeler par téléphone

2. Quelle est la situation actuelle de Christophe ?
a) Il est sur le point de sortir de l'hôpital
b) Il attend une opération du dos et devra aller en maison de rééducation
c) Il est déjà en rééducation et se remet rapidement
d) Il est rentré chez lui et se remet progressivement de l'accident

3. Quel trait de caractère de Christophe impressionne Céline après son réveil ?
a) Sa négativité constante
b) Son manque de confiance en lui
c) Sa positivité et son courage
d) Son attitude pessimiste envers le personnel médical

4. Où se termine la promenade des amis à la fin de la soirée ?
a) Dans un bar du quartier de la Croix-Rousse
b) Dans un parc avec vue sur la ville
c) Sur les quais de la Saône
d) Sur les quais du Rhône

5. Quelle citation Jules offre-t-il à ses amis sur le chemin du retour ?
a) Le bonheur est un rayon de soleil que la moindre ombre vient intercepter
b) La vie est un chemin parsemé d'embûches et de joies
c) Le sourire est le reflet de l'âme
d) Les jours heureux sont ceux où l'on partage des moments avec ceux qu'on aime

7. Déambulations nocturnes dans la ville de Lyon

La soirée de célébration pour le nouvel emploi de Céline au musée de la Résistance se transforme alors en grande discussion au sujet de Valentine. La gentille copine, toujours serviable, toujours prête à faire la fête ou à aller boire un café après les cours, est absente depuis plus de semaine ; cela est confirmé par Constance qui reconnaît bien qu'elle n'a plus de nouvelles non plus. Mais personne ne sait comment lui parler, comment la raisonner. Après tout, Valentine a le droit de prendre des distances. C'est juste que ses amis s'inquiètent pour elle.

Après deux heures en terrasse, la température s'étant rafraîchie, Céline propose de rentrer tranquillement à pied. Max, Constance, Clara et elle vont dans la même direction. Max se propose de payer l'addition pour tout le monde, puis le petit groupe se prépare pour une petite promenade nocturne. L'été se termine doucement, c'est très bientôt l'automne. Le fond de l'air est légèrement frais mais il est encore très agréable de se promener, avec un foulard sur les épaules.

Les quatre amis marchent lentement en discutant. Il est décidé que chacun essayera de contacter Valentine à tour de rôle dans la semaine qui vient. Clara espère percer le secret qui rend son amie si distante. Puis la

7. Night strolls in the city of Lyon

The evening celebrating Céline's new job at the Musée de la Résistance turns into a big discussion about Valentine. The sweet girlfriend, always helpful, always ready to party or go for a coffee after class, has been away for more than a week; this is confirmed by Constance, who admits she hasn't heard from her either. But no one knows how to talk to her, how to reason with her. After all, Valentine has the right to distance herself. It's just that her friends are worried about her.

After two hours on the terrace, with the temperature cooling, Céline suggests a leisurely walk home. She, Max, Constance and Clara head in the same direction. Max offers to pay the bill for everyone, and then the little group gets ready for an evening stroll. Summer is slowly drawing to a close, and autumn is just around the corner. The air is slightly chilly, but it's still very pleasant to walk around with a scarf over one's shoulders.

The four friends walk slowly along, chatting. It is decided that each of them will try to contact Valentine in turn over the coming week. Clara hopes to unravel the secret that makes her friend so distant. Then the

conversation dévie sur Christophe. À l'hôpital, il est en attente d'une opération assez lourde du dos. Céline explique ce qu'elle en a compris. Elle a surtout compris que Christophe est coincé à l'hôpital pour longtemps ; et puis, après son séjour à l'hôpital, il devra aller dans une maison de rééducation pour réapprendre à marcher, retrouver sa flexibilité et sa musculature. Heureusement qu'il a de la famille qui peut l'aider financièrement, car pendant tout ce temps, le coach de tennis ne peut pas exercer. Et, surtout, personne ne sait s'il pourra reprendre son activité professionnelle après l'accident.

Mais Céline insiste : Christophe est vraiment fantastique. Depuis qu'il s'est réveillé, après l'accident, il fait preuve d'une incroyable positivité. Fidèle à lui-même, il fait des blagues, sourit, montre une grande confiance dans le personnel médical et, dit-il, dans sa « bonne étoile. » Vraiment, Céline voudrait avoir ne serait-ce qu'un quart de son courage !

La promenade est tellement sympathique que les amis font des détours. Par les quais de la Saône d'abord, puis dans les pentes de la Croix-Rousse, où ils s'arrêtent boire un dernier verre de vin. Ils s'acheminent ensuite vers les quais du Rhône. Les lumières de la ville se reflètent dans le fleuve. Les péniches, alignées le long du quai, ont-elles aussi de jolies lumières qui éclairent

conversation turns to Christophe. He's in hospital awaiting a major back operation. Céline explains what she understands. Above all, she understands that Christophe will be stuck in hospital for a long time to come; and then, after his hospital stay, he'll have to go to a rehabilitation center to learn to walk again, and regain his flexibility and muscularity. It's a good thing he has family who can help out financially, because during all this time, the tennis coach can't work. And, above all, no one knows whether he'll be able to resume his professional activity after the accident.

But Céline insists: Christophe is really fantastic. Since he woke up after the accident, he's been incredibly positive. True to form, he cracks jokes, smiles, shows great confidence in the medical staff and, he says, in his "lucky star." Really, Céline wishes she had even a quarter of his courage!

The walk is so pleasant that the friends take detours. First to the quays of the Saône, then to the slopes of the Croix-Rousse, where they stop for a final glass of wine. They then make their way to the quays of the Rhône. The lights of the city are reflected in the river. The barges, lined up along the quay, also have pretty lights that brighten the evening of the many students and

la soirée de très nombreux étudiants ou jeunes couples qui profitent de la fin de l'été. Ils s'assoient quelques minutes sur les quais de Rhône pour regarder le joli spectacle de l'insouciance du vendredi soir. Beaucoup de gens rient, quelques personnes semblent se disputer. Ici et là, un joggeur passe avec son chien ou un jeune couple se promène avec le leur.

Cela rappelle à Clara que son petit chien est seul à la maison en ce moment même. Elle décide de rentrer, et ses trois amis la suivent : il est déjà presque minuit et tout le monde est fatigué. En particulier Céline, qui a eu deux semaines très éprouvantes. Ce week-end sera dédié au repos avant de commencer son nouveau travail en parallèle de la fac. Clara, très bienveillante, passe plus de temps que d'habitude sur les tâches ménagères : ménage, linge, courses, cuisine... Pour décharger sa colocataire, qui est visiblement épuisée par les événements de ces deux dernières semaines.

Sur le chemin du retour, dans les pentes de la Croix-Rousse, Jules fait son apparition, comme un signe de bon augure, car Jules est toujours positif et souriant. Il les salue amicalement et lance sa petite phrase du jour : « Le bonheur est un rayon de soleil que la moindre ombre vient intercepter ! Alors profitez de vos heures de bonheur, les enfants ! » Ah,

young couples enjoying the end of summer. They sit for a few minutes on the quays of the Rhône to watch the pretty spectacle of carefree Friday evening. Many people are laughing, a few seem to be arguing. Here and there, a jogger passes by with his dog, or a young couple takes a walk with theirs.

This reminds Clara that her little dog is home alone at the moment. She decides to go home, and her three friends follow: it's already almost midnight and everyone is tired. Especially Céline, who has had a very trying couple of weeks. This weekend will be dedicated to rest before starting her new job alongside university. Clara, who is very helpful, spends more time than usual on housework: cleaning, laundry, shopping, cooking... To relieve her roommate, who is visibly exhausted by the events of the last two weeks.

On the way home, on the slopes of the Croix-Rousse, Jules makes his appearance, like a good omen, for Jules is always positive and smiling. He greets them in a friendly manner and utters his catchphrase for the day: "Happiness is a ray of sunshine that the slightest shadow intercepts! So enjoy your happy hours, kids!" Ah, that Jules. Always the right word.

ce Jules. Toujours le mot juste. C'est incroyable comme il peut trouver la phrase qui correspond à la situation sans même savoir ce qui vous arrive.

Céline se sent immédiatement concernée, et elle adresse à Jules un grand merci, du fond du cœur. En effet, ces dernières semaines, la vie lui a rappelé de manière un peu brutale que le bonheur ne tient qu'à un fil. Clara lui prend le bras en signe de sollicitude, et les quatre amis reprennent leur route. En haut de la montée de la Grande-Côte, ils s'arrêtent un moment à regarder le paysage de la ville enluminée à leurs pieds. Puis ils se dirigent vers le petit immeuble de la rue Duviard. En chemin, ils disent bonjour à quelques voisins. La patronne du café des Trois Cochons, au coin de leur rue, est en train de ranger les tables. Quelques clients tardifs payent au comptoir. Le restaurant d'en face ferme également ses portes et les derniers amoureux rentrent chez eux.

Quand elles passent la porte de l'appartement, Scruffles dort paisiblement. Mais il s'éveille quand il les voit pénétrer dans le salon, fou de joie. Cette boule de poil est vraiment un infatigable de l'amour. Cette dose quotidienne de bonheur qu'il donne aux filles est incroyable. Céline prépare un thé pendant que Clara promène le chien dix minutes dans le quartier. Puis, pour prolonger cette sympathique soirée, les filles

It's amazing how he can find the right phrase for the situation without even knowing what's happening to you.

Céline is immediately concerned, and she sends Jules a heartfelt thank-you. Indeed, over the last few weeks, life has reminded her a little brutally that happiness hangs by a thread. Clara takes his arm in a gesture of solicitude, and the four friends set off again. At the top of the Grande-Côte rise, they pause to gaze at the illuminated cityscape at their feet. Then they head for the little building on rue Duviard. On the way, they say hello to a few neighbors. The owner of the Trois Cochons café on the corner is tidying up the tables. A few late-night customers pay at the counter. The restaurant opposite also closes its doors, and the last of the lovers head home.

When they enter the apartment, Scruffles is fast asleep. But he wakes up when he sees them enter the living room, overjoyed. This ball of fur really is a tireless lover. The daily dose of happiness he gives the girls is incredible. Céline prepares a cup of tea while Clara takes the dog for a ten-minute walk around the neighborhood. Then, to prolong this pleasant evening, the girls set up the fold-out sofa and start a good movie.

installent le canapé dépliant et lancent un bon film. Malgré les hauts et les bas, le week-end commence bien !

Despite the ups and downs, the weekend is off to a great start!

Questions (Chapitre 7)

1. Quelle action les amis décident-ils de faire concernant Valentine ?
a) Ils décident de lui rendre visite chez elle
b) Ils décident de lui écrire une lettre
c) Ils décident de la contacter à tour de rôle dans la semaine
d) Ils décident de l'appeler par téléphone

2. Quelle est la situation actuelle de Christophe ?
a) Il est sur le point de sortir de l'hôpital
b) Il attend une opération du dos et devra aller en maison de rééducation
c) Il est déjà en rééducation et se remet rapidement
d) Il est rentré chez lui et se remet progressivement de l'accident

3. Quel trait de caractère de Christophe impressionne Céline après son réveil ?
a) Sa négativité constante
b) Son manque de confiance en lui
c) Sa positivité et son courage
d) Son attitude pessimiste envers le personnel médical

4. Où se termine la promenade des amis à la fin de la soirée ?
a) Dans un bar du quartier de la Croix-Rousse
b) Dans un parc avec vue sur la ville
c) Sur les quais de la Saône
d) Sur les quais du Rhône

Questions (Chapter 7)

1. What action do the friends decide to take regarding Valentine?
a) They decide to visit her at her place
b) They decide to write her a letter
c) They decide to contact her in turn during the week
d) They decide to call her on the phone

2. What is Christophe's current situation?
a) He is about to leave the hospital
b) He is awaiting back surgery and will have to go to a rehabilitation center
c) He is already in rehabilitation and is recovering rapidly
d) He has returned home and is gradually recovering from the accident

3. What characteristic of Christophe impresses Céline after he wakes up?
a) His constant negativity
b) His lack of self-confidence
c) His positivity and courage
d) His pessimistic attitude towards the medical staff

4. Where does the friends' walk end at the end of the evening?
a) In a bar in the Croix-Rousse neighborhood
b) In a park overlooking the city
c) On the banks of the Saône River
d) On the banks of the Rhône River

5. Quelle citation Jules offre-t-il à ses amis sur le chemin du retour ?
a) Le bonheur est un rayon de soleil que la moindre ombre vient intercepter
b) La vie est un chemin parsemé d'embûches et de joies
c) Le sourire est le reflet de l'âme
d) Les jours heureux sont ceux où l'on partage des moments avec ceux qu'on aime

5. What quote does Jules offer his friends on the way back?
a) Happiness is a ray of sunshine that the slightest shadow intercepts
b) Life is a path strewn with obstacles and joys
c) A smile is the reflection of the soul
d) Happy days are those where we share moments with those we love

8. Liens brisés

Le week-end se passe comme un week-end : relax. C'est le **début** de l'année universitaire et personne n'est encore stressé par les cours. Avec tout ce qui s'est passé **récemment**, les filles n'aspirent qu'à une chose, se reposer. Bien sûr, Céline passe voir Christophe, comme chaque jour, le samedi et le dimanche. Le reste du temps, elle le passe avec Clara dans la cuisine, à préparer de petits plats pour la semaine. Elle se prend même d'un **coup de folie** : elle va acheter une machine à pâtes pour préparer de vraies pâtes et raviolis italiens à la maison. Il paraît que ce n'est pas si compliqué.

Dès le samedi matin, elles se lancent dans l'opération de confection de pâtes fraîches. En effet, ce n'est pas bien compliqué, et c'est même très économique : un **œuf**, cent grammes de **farine**, faire tourner la machine et hop ! Le tour est joué. Cela prend quelque temps de s'adapter à la machine, mais quand on a bien compris, c'est un **véritable** jeu d'enfant. Ravies, elles décident de préparer une sauce végétarienne : huile d'olive, oignons, ail, tomates, un peu de piment, parmesan. Et **c'est tout** ! Facile et excellent.

C'est donc en s'occupant **sainement** que Clara et Céline passent leur temps libre du week-end. Bien sûr, Clara passe aussi un peu de temps à préparer ses cours de la semaine. Non pas ses cours pour la fac, mais pour son **boulot**.

Quant à Céline, elle se plonge dans la lecture sur la Résistance durant la Seconde Guerre mondiale. Elle connaît déjà bien cette période de l'histoire, mais il s'agit maintenant de **devenir** une experte. Elle **épluche** des livres d'histoire, prend des notes... Mais ce n'est pas vraiment du travail, c'est plutôt un plaisir car elle apprend beaucoup de choses passionnantes.

Début (m) (nom commun) : beginning, start
Récemment (adverbe) : recently, not long ago
Coup de folie (locution nominale) : moment of madness
Œuf (m) (nom commun) : egg
Farine (f) (nom commun) : flour
Véritable (adjectif) : true, genuine
C'est tout ! (locution adverbiale) : that's all!
Sainement (adverbe) : healthily
Boulot (m) (nom commun) : work, job
Quant à (locution prépositionnel) : as for, as to
Devenir (verbe) : to become
Éplucher (verbe) : to review (in this context)

Clara essaye d'appeler Valentine, **en vain**. Valentine lui envoie un texto un peu plus tard : « Désolée, j'ai raté ton coup de fil. On s'appelle plus tard ? » Et c'est tout. Clara **hausse les épaules**. Elle rappellera le lendemain. Elle est en train de laver la vaisselle, et Céline de préparer le café, quand on **frappe** à la porte. Le chien aboie, comme à chaque fois qu'il entend quelqu'un derrière la porte ; c'est une façon pour lui de signaler un danger, ou en tous cas un événement non identifié... Clara pense que c'est pour les protéger, même si, **honnêtement**, ce comportement l'irrite un peu.

Elle sèche ses mains et va ouvrir la porte. Constance apparaît, le visage **en pleurs**.

« Bah, alors ma belle, ça ne va pas ? dit Clara, surprise et immédiatement **attristée**. Entre, voyons ! Ne reste pas là...

- Oh, je suis désolée, **sanglote** Constance. Je ne vous dérange pas au moins ? Vous n'avez pas besoin d'histoires compliquées en ce moment.

- Tu plaisantes, on adore les histoires compliquées, rétorque Clara avec humour. Entre donc ! »

Constance va s'installer sur le canapé. Elle a l'air tout à fait **interloquée**. Elle calme ses pleurs, **se mouche** et reprend son souffle **tandis que** Clara et Céline **se taisent**, attendant patiemment qu'elle se sente mieux pour parler. Après deux minutes, Constance lève les yeux et explique : Max et elle ont eu une longue conversation ce matin. Elle a trouvé des messages sur son téléphone portable, c'est une autre fille. Clara et Céline n'en reviennent pas... Max, qui a pourtant l'air si franc et honnête ? Max aurait fait ça ? Céline sert le thé et donne une boîte de **mouchoirs** à Constance, qui continue d'expliquer.

En vain (locution adverbiale) : in vain, without success
Hausser les épaules (locution verbale) : to shrug one's shoulders
Frapper (verbe) : to knock (in this context)
Honnêtement (adverbe) : honestly
En pleurs (locution adjectivale) : in tears
Attristé (adjectif) : saddened
Sangloter (verbe) : to sob, to cry
Interloqué (adjectif) : taken aback, dumbstruck
Se moucher (verbe pronominal) : to blow one's nose
Tandis que (locution conjonction) : while, when
Se taire (verbe pronominal) : to be quiet
Mouchoir (m) (nom commun) : handkerchief

Au début, bien sûr, Max **a nié**. Mais il ne pouvait plus se cacher quand elle lui a demandé d'allumer son téléphone. Elle vient de le **chasser** de chez elle après une discussion de deux heures. Il refuse d'en dire plus, il est désolé, il a même essayé de la garder. Mais c'est trop tard et Constance ne peut pas supporter cette **tromperie**. Elle se sentait si proche de lui, si complice. C'est comme si le monde entier **s'effondrait** autour d'elle. Elle se sent vide et angoissée. Ce qu'elle ne comprend pas, c'est qu'ils sont amis depuis longtemps et qu'ils étaient ensemble depuis seulement deux mois.

Plus qu'un petit ami, Constance a le sentiment de perdre son ami le plus proche. C'est absolument incompréhensible, pourquoi s'être mis avec elle et penser déjà à une autre fille, si peu de temps après ? L'impression de **trahison** est intense.

Clara et Céline se montrent très **compatissantes**. Elles écoutent, posent des questions. Mais elles non plus, elles ne comprennent pas. Max et Anouk, son ex-petite amie, avaient formé un couple modèle pendant longtemps. **Il est vrai qu'**il n'avait pas vraiment raconté la fin de leur histoire. Aussi,

elles commencent à questionner cette histoire : était-ce vraiment fini, avec Anouk ? Constance l'ignore. À vrai dire, elle n'a aucune idée de l'identité de cette fille, car sur le téléphone, son nom ne s'affichait pas. **À la place**, il y avait un **surnom** – ridicule, d'ailleurs.

Après l'histoire de Valentine de la veille, c'est un nouveau mystère : que fait donc Max, ce copain fidèle, gentil, drôle, serviable, sensible ? Où a-t-il mis sa **loyauté** ? Sa sincérité ? Clara rassure Constance : « S'il y a une autre fille, elle est aussi à plaindre, car il **ment** certainement de son côté aussi. » Céline acquiesce. C'est très certainement le cas. Cela n'enlève rien à la curiosité des filles. Après une petite heure de conversation, Constance est tout à fait calmée. Elle est, bien sûr, triste. Mais elle commence à réaliser la situation et à prendre un peu de distance. Elle était très amoureuse, **certes** ; mais amoureuse d'un **mensonge**, ça ne compte pas.

Les trois amis décident de **se serrer les coudes** : **enquêter** ensemble sur Valentine et sur Max. Elles se donnent pour objectif de percer tous ces secrets. Céline, qui a encore le contact d'Anouk, l'appellera dans la semaine. De son côté, Constance s'occupera de rappeler Valentine aussi. Quand une amitié ou un amour que l'on croit sincère se brise de manière si brutale, il faut pouvoir comprendre pourquoi !

Nier (verbe) : to deny
Chasser (verbe) : to chase (in this context)
Tromperie (f) (nom commun) : infidelity, cheating
S'effondrer (verbe pronominal) : to collapse, to fall down
Trahison (f) (nom commun) : betrayal
Compatissant (adjectif) : compassionate
Il est vrai que (expression) : it is true that
À la place (locution adverbiale) : instead
Surnom (m) (nom commun) : nickname
Loyauté (f) (nom commun) : loyalty
Mentir (verbe) : to lie
Certes (adverbe) : certainly, of course
Mensonge (m) (nom commun) : lie
Se serrer les coudes (locution verbale) : to stick together
Enquêter (verbe) : to investigate

Questions (Chapitre 8)

1. Que font Clara et Céline pendant leur temps libre du week-end ? (Plusieurs réponses possibles)
a) Elles rendent visite aux parents de Céline
b) Elles se rendent à la bibliothèque pour étudier
c) Elles passent du temps à se reposer à la maison
d) Elles préparent des petits plats et se lancent dans la confection de pâtes fraîches

2. Comment décrirait-on la préparation des pâtes fraîches ?
a) Longue et fastidieuse
b) Difficile mais délicieuse
c) Simple et économique
d) Compliquée mais amusante

3. Pourquoi Constance est-elle en pleurs en arrivant chez Clara et Céline ?
a) Parce qu'elle est fatiguée
b) Parce qu'elle a trouvé des messages suspects sur le téléphone de Max
c) Parce que Max l'a quittée
d) Parce que Max a eu un accident

4. Quelle est la réaction initiale de Max lorsque Constance découvre la tromperie ?
a) Il avoue immédiatement sa faute
b) Il nie au début, mais finit par avouer
c) Il s'excuse et promet de changer
d) Il accuse Constance de ne pas lui faire confiance

5. Qui est Anouk ?
a) La meilleure amie de Constance
b) Une collègue de travail de Max
c) L'ex-petite amie de Max
d) La nouvelle petite amie de Max

8. Liens brisés

Le week-end se passe comme un week-end : relax. C'est le début de l'année universitaire et personne n'est encore stressé par les cours. Avec tout ce qui s'est passé récemment, les filles n'aspirent qu'à une chose, se reposer. Bien sûr, Céline passe voir Christophe, comme chaque jour, le samedi et le dimanche. Le reste du temps, elle le passe avec Clara dans la cuisine, à préparer de petits plats pour la semaine. Elle se prend même d'un coup de folie : elle va acheter une machine à pâtes pour préparer de vraies pâtes et raviolis italiens à la maison. Il paraît que ce n'est pas si compliqué.

Dès le samedi matin, elles se lancent dans l'opération de confection de pâtes fraîches. En effet, ce n'est pas bien compliqué, et c'est même très économique : un œuf, cent grammes de farine, faire tourner la machine et hop ! Le tour est joué. Cela prend quelque temps de s'adapter à la machine, mais quand on a bien compris, c'est un véritable jeu d'enfant. Ravies, elles décident de préparer une sauce végétarienne : huile d'olive, oignons, ail, tomates, un peu de piment, parmesan. Et c'est tout ! Facile et excellent.

C'est donc en s'occupant sainement que Clara et Céline passent leur temps libre du week-end. Bien sûr, Clara passe aussi un peu de temps

8. Broken bonds

It's a relaxing weekend. It's the start of the university year and no one is stressed about classes yet. With everything that's been going on recently, the girls just want to relax. Of course, Céline comes to see Christophe, as she does every day, on Saturday and Sunday. The rest of the time, she spends with Clara in the kitchen, preparing small dishes for the week. She's even got a crazy idea: she's going to buy a pasta machine so she can make real Italian pasta and ravioli at home. Apparently, it's not that complicated.

On Saturday lunchtime, they set about making fresh pasta. In fact, it's not very complicated, and it's even very economical: one egg, a hundred grams of flour, turn on the machine and voilà! That's all there is to it. It takes a while to get used to the machine, but once you've got the hang of it, it's child's play. Delighted, they decide to prepare a vegetarian sauce: olive oil, onions, garlic, tomatoes, a little chilli, parmesan. And that's it! Easy and excellent.

So Clara and Céline spend their weekend free time keeping busy and healthy. Of course, Clara also spends some time preparing for her weekly

à préparer ses cours de la semaine. Non pas ses cours pour la fac, mais pour son boulot. Quant à Céline, elle se plonge dans la lecture sur la Résistance durant la Seconde Guerre mondiale. Elle connaît déjà bien cette période de l'histoire, mais il s'agit maintenant de devenir une experte. Elle épluche des livres d'histoire, prend des notes... Mais ce n'est pas vraiment du travail, c'est plutôt un plaisir car elle apprend beaucoup de choses passionnantes.

Clara essaye d'appeler Valentine, en vain. Valentine lui envoie un texto un peu plus tard : « Désolée, j'ai raté ton coup de fil. On s'appelle plus tard ? » Et c'est tout. Clara hausse les épaules. Elle rappellera le lendemain. Elle est en train de laver la vaisselle, et Céline de préparer le café, quand on frappe à la porte. Le chien aboie, comme à chaque fois qu'il entend quelqu'un derrière la porte ; c'est une façon pour lui de signaler un danger, ou en tous cas un événement non identifié... Clara pense que c'est pour les protéger, même si, honnêtement, ce comportement l'irrite un peu.

Elle sèche ses mains et va ouvrir la porte. Constance apparaît, le visage en pleurs.

« Bah, alors ma belle, ça ne va pas ? dit Clara, surprise et immédiatement attristée. Entre, voyons ! Ne reste pas là...

classes. Not for college, but for work. As for Céline, she's immersed in reading about the Resistance during the Second World War. She already knows a lot about this period of history, but now she has to become an expert. She scours history books, takes notes... But it's not really work, it's more of a pleasure, because she's learning a lot of fascinating things.

Clara tries to call Valentine, but to no avail. Valentine sends her a text a little later: "Sorry, I missed your call. Can I call you later?" And that's all. Clara shrugs. She'll call back the next day. She's washing the dishes, and Céline is making coffee, when there's a knock on the door. The dog barks, as he does every time he hears someone behind the door; it's a way for him to signal danger, or at least an unidentified event... Clara thinks it's to protect them, even if, to be honest, this behavior irritates her a little.

She dries her hands and goes to open the door. Constance appears, her face in tears.

"Well, then, my dear, what's wrong? Clara says, surprised and immediately saddened. Come in, come on! Don't stay out there...

- Oh, je suis désolée, sanglote Constance. Je ne vous dérange pas au moins ? Vous n'avez pas besoin d'histoires compliquées en ce moment.	- Oh, I'm sorry, sobs Constance. I'm not disturbing you, am I? You don't need complicated stories right now.
- Tu plaisantes, on adore les histoires compliquées, rétorque Clara avec humour. Entre donc ! »	- You're joking, we love complicated stories, retorts Clara humorously. Come on in!"
Constance va s'installer sur le canapé. Elle a l'air tout à fait interloquée. Elle calme ses pleurs, se mouche et reprend son souffle tandis que Clara et Céline se taisent, attendant patiemment qu'elle se sente mieux pour parler. Après deux minutes, Constance lève les yeux et explique : Max et elle ont eu une longue conversation ce matin. Elle a trouvé des messages sur son téléphone portable, c'est une autre fille. Clara et Céline n'en reviennent pas... Max, qui a pourtant l'air si franc et honnête ? Max aurait fait ça ? Céline sert le thé et donne une boîte de mouchoirs à Constance, qui continue d'expliquer.	Constance settles down on the sofa. She looks completely taken aback. She calms her tears, blows her nose and catches her breath, while Clara and Céline remain silent, patiently waiting for her to feel better so they can talk. After two minutes, Constance looks up and explains: she and Max had a long talk this morning. She's found messages on his cell phone from another girl. Clara and Céline can't believe it... Max, who seems so frank and honest? Would Max do this? Céline serves tea and hands a box of tissues to Constance, who continues to explain.
Au début, bien sûr, Max a nié. Mais il ne pouvait plus se cacher quand elle lui a demandé d'allumer son téléphone. Elle vient de le chasser de chez elle après une discussion de deux heures. Il refuse d'en dire plus, il est désolé, il a même essayé de la garder. Mais c'est trop tard et Constance ne peut pas supporter cette tromperie. Elle se sentait si proche de lui, si complice. C'est comme si le monde entier s'effondrait autour d'elle. Elle	At first, of course, Max denied it. But he couldn't hide any longer when she asked him to turn on his phone. She'd just chased him out of her house after a two-hour discussion. He refuses to say any more, he's sorry, he even tried to keep her. But it's too late and Constance can't bear the deception. She felt so close to him, so complicit. It's as if the whole world is crumbling around her. She feels empty and anguished. What she

se sent vide et angoissée. Ce qu'elle ne comprend pas, c'est qu'ils sont amis depuis longtemps et qu'ils étaient ensemble depuis seulement deux mois.

Plus qu'un petit ami, Constance a le sentiment de perdre son ami le plus proche. C'est absolument incompréhensible, pourquoi s'être mis avec elle et penser déjà à une autre fille, si peu de temps après ? L'impression de trahison est intense.

Clara et Céline se montrent très compatissantes. Elles écoutent, posent des questions. Mais elles non plus, elles ne comprennent pas. Max et Anouk, son ex-petite amie, avaient formé un couple modèle pendant longtemps. Il est vrai qu'il n'avait pas vraiment raconté la fin de leur histoire. Aussi, elles commencent à questionner cette histoire : était-ce vraiment fini, avec Anouk ? Constance l'ignore. À vrai dire, elle n'a aucune idée de l'identité de cette fille, car sur le téléphone, son nom ne s'affichait pas. À la place, il y avait un surnom – ridicule, d'ailleurs.

Après l'histoire de Valentine de la veille, c'est un nouveau mystère : que fait donc Max, ce copain fidèle, gentil, drôle, serviable, sensible ? Où a-t-il mis sa loyauté ? Sa sincérité ? Clara rassure Constance : « S'il y a une autre fille, elle est aussi à plaindre, car il ment certainement de son côté aussi. » Céline acquiesce. C'est très

doesn't understand is that they've been friends for a long time and had only been together for two months.

More than a boyfriend, Constance feels she's losing her closest friend. It's absolutely incomprehensible, why would he get involved with her and already be thinking about another girl, so soon afterwards? The feeling of betrayal is intense.

Clara and Céline are very sympathetic. They listen and ask questions. But they don't understand either. Max and Anouk, his ex-girlfriend, had been a model couple for a long time. It's true that he hadn't really told them the end of their story. So they began to question the story: was it really over with Anouk? Constance doesn't know. To tell the truth, she had no idea who this girl was, because on the phone, her name wasn't displayed. Instead, there was a nickname - a ridiculous one, at that.

After Valentine's story the day before, it's a new mystery: what's Max up to, this loyal, kind, funny, helpful, sensitive friend? Where did he put his loyalty? His sincerity? Clara reassures Constance: "If there's another girl, she's to be pitied too, because he's certainly lying on his side too." Céline nods. That's certainly

certainement le cas. Cela n'enlève rien à la curiosité des filles. Après une petite heure de conversation, Constance est tout à fait calmée. Elle est, bien sûr, triste. Mais elle commence à réaliser la situation et à prendre un peu de distance. Elle était très amoureuse, certes ; mais amoureuse d'un mensonge, ça ne compte pas.

Les trois amis décident de se serrer les coudes : enquêter ensemble sur Valentine et sur Max. Elles se donnent pour objectif de percer tous ces secrets. Céline, qui a encore le contact d'Anouk, l'appellera dans la semaine. De son côté, Constance s'occupera de rappeler Valentine aussi. Quand une amitié ou un amour que l'on croit sincère se brise de manière si brutale, il faut pouvoir comprendre pourquoi !

the case. That doesn't take anything away from the girls' curiosity. After an hour's conversation, Constance is completely calmed down. She is, of course, sad. But she's beginning to realize the situation and to distance herself a little. She was very much in love, of course; but in love with a lie, that doesn't count.

The three friends decide to sticktogether: investigate Valentine and Max together. They set themselves the goal of uncovering all these secrets. Céline, who still has contact with Anouk, will call her later in the week. Constance, for her part, will call Valentine back as well. When a friendship or love that you believe to be sincere breaks down so abruptly, you have to be able to understand why!

Questions (Chapitre 8)

1. Que font Clara et Céline pendant leur temps libre du week-end ? (Plusieurs réponses possibles)
a) Elles rendent visite aux parents de Céline
b) Elles se rendent à la bibliothèque pour étudier
c) Elles passent du temps à se reposer à la maison
d) Elles préparent des petits plats et se lancent dans la confection de pâtes fraîches

2. Comment décrirait-on la préparation des pâtes fraîches ?
a) Longue et fastidieuse
b) Difficile mais délicieuse
c) Simple et économique
d) Compliquée mais amusante

3. Pourquoi Constance est-elle en pleurs en arrivant chez Clara et Céline ?
a) Parce qu'elle est fatiguée
b) Parce qu'elle a trouvé des messages suspects sur le téléphone de Max
c) Parce que Max l'a quittée
d) Parce que Max a eu un accident

4. Quelle est la réaction initiale de Max lorsque Constance découvre la tromperie ?
a) Il avoue immédiatement sa faute
b) Il nie au début, mais finit par avouer
c) Il s'excuse et promet de changer
d) Il accuse Constance de ne pas lui faire confiance

Questions (Chapter 8)

1. What do Clara and Céline do during their weekend free time? (Multiple answers possible)
a) They visit Céline's parents
b) They go to the library to study
c) They spend time relaxing at home
d) They prepare small dishes and embark on making fresh pasta

2. How would one describe the preparation of fresh pasta?
a) Long and tedious
b) Difficult but delicious
c) Simple and economical
d) Complicated but fun

3. Why is Constance in tears when she arrives at Clara and Céline's place?
a) Because she's tired
b) Because she found suspicious messages on Max's phone
c) Because Max broke up with her
d) Because Max had an accident

4. What is Max's initial reaction when Constance discovers the cheating?
a) He immediately confesses his fault
b) He denies at first, but eventually confesses
c) He apologizes and promises to change
d) He accuses Constance of not trusting him

5. Qui est Anouk ?
a) La meilleure amie de Constance
b) Une collègue de travail de Max
c) L'ex-petite amie de Max
d) La nouvelle petite amie de Max

5. Who is Anouk?
a) Constance's best friend
b) A coworker of Max
c) Max's ex-girlfriend
d) Max's new girlfriend

9. Début de l'automne

Décidément, ce mois de septembre aura été haut en couleur. Mais l'automne est arrivé, et avec lui la **douceur** qui le caractérise. L'opération de Christophe se prépare doucement, elle est prévue pour le début du mois d'octobre. Tout le monde est impatient - Christophe le premier. Il reste très positif malgré son **séjour** prolongé dans sa chambre d'hôpital. Il en profite pour lire beaucoup et pour jouer aux **échecs** en ligne, quand il n'a pas de visite. Le **conducteur coupable** de l'accident est venu lui rendre visite. Il va être condamné pour son infraction au code de la route, mais il le sait et n'essaye pas de s'en défendre. Il va payer les dommages et intérêts. **À vrai dire**, il s'inquiète surtout pour le dos de Christophe. Il a, certes, provoqué un accident ; mais il semble que ce n'est pas une mauvaise personne.

Constance et Max sont bel et bien séparés, après deux courts mois de relation amoureuse mais bien des années d'amitié sincère. Constance, **quoique bouleversée**, surmonte la situation. La colère l'aide beaucoup à **passer le cap** de l'incompréhension. Elle se concentre sur son travail et ses **loisirs**, mais aussi sur ses amies : elle essaye de joindre Valentine. Cette dernière répond en fait toujours, mais elle trouve à chaque fois une bonne excuse pour reporter leur prochain café. En fait, Constance commence même à

se demander ce que Valentine lui cache. Elle est tellement absorbée par sa défaite avec Max qu'elle en vient à se poser la question : et si... et si Valentine et Max étaient ensemble ?

Mais non. Cela serait trop gros, trop étrange, trop **affreux**, surtout. Valentine ne lui aurait pas fait ça. Max non plus. Enfin, c'est trop tard : elle y a pensé ! Et elle ne peut **s'ôter** cette nouvelle idée de la tête. Un soir, quand les filles rentrent de la fac, Constance va frapper à leur porte pour leur livrer son inquiétude.

Décidément (adverbe) : really, definitely, certainly
Douceur (f) (nom commun) : sweetness, gentleness
Séjour (m) (nom commun) : stay
Échecs (m, pl) (nom commun) : chess
Conducteur (m) (nom commun) : driver
Coupable (adjectif) : guilty
À vrai dire (locution adverbiale) : to tell the truth, to be honest
Quoique (conjonction) : although, even if
Bouleversé (adjectif) : shaken, upset
Passer le cap (locution verbale) : to get through a difficult situation
Loisirs (m, pl) (nom commun) : hobbies, pastimes, leisure activities
Affreux (adjectif) : dreadful, awful
S'ôter (verbe pronominal) : to come off, to take something off

« Alors je suis sûre que ce n'est pas Max, répond **tout de suite** Clara. Je ne l'ai pas bien vu, c'est vrai, mais j'aurai reconnu Max. En tous cas, il était plus petit que Max, vraiment ça me semble **parfaitement** impossible.

- **Ouf** ! s'exclame Constance. Je vous **jure**, je commençais à y croire sérieusement ! Je suis stupide. »

Céline, Clara et Constance rient de bon cœur de la situation. **Plus de peur que de mal**. Mais cela n'explique pas le **comportement** ni de Max, ni de Valentine.

La vie continue, la fac, l'hôpital, le chien, les copains, pas de Valentine et plus de Max. Céline se décide, quelques jours après, à **prendre contact avec** Anouk. Après tout, elles étaient amies quand Anouk était avec Max. Comme Anouk ne répond pas, Céline laisse un message sur son **répondeur** : « Salut Anouk ! Ça fait plusieurs mois qu'on ne s'est pas vues, je me demandais

comment tu vas. Ce serait sympa de se voir pour un café ou même une pizza un de ces quatre ! Rappelle-moi quand tu auras ce message. **Bisous** ! » Elle verra bien ce qu'il en est. En attendant, **rien de nouveau**... Et le quotidien suit son cours.

Un soir où Clara et Céline vont dîner chez les parents de Céline, ceux-ci les accueillent avec une belle surprise :

« Les filles, annonce Patrick, j'ai un **cadeau** pour vous !

- Un cadeau ? Mais en quel honneur ? demande Céline, étonnée et curieuse.

- Pourquoi faudrait-il toujours une occasion spéciale pour un cadeau ? rétorque Florence. Allez, disons que c'est parce qu'on vous aime !

- Voilà, confirme Patrick. On vous aime et on sait que ce mois de septembre a été bien difficile pour vous. Nous vous offrons un week-end à Annecy au mois de novembre, tous **frais** payés !

- Oh, c'est fantastique, s'exclament les filles, en cœur. »

Tout de suite (locution adverbiale) : right away, immediately
Parfaitement (adverbe) : perfectly
Ouf (interjection) : phew (exclamation of relief)
Jurer (verbe) : to swear
Plus de peur que de mal (expression) : more fear than harm
Comportement (m) (nom commun) : behavior
Prendre contact avec (locution verbale) : to get in touch with, to contact
Répondeur (m) (nom commun) : answering machine
Bisou (m) (nom commun) : kiss
Rien de nouveau (expression) : nothing new, no news
Cadeau (m) (nom commun) : gift, present
Frais (m, pl) (nom commun) : costs

Leur exclamation **synchronisée** fait rire toute la famille. « De vraies **frangines**, » dit Isabelle, qui trouve le tableau charmant. Clara et Céline sont aux anges ; elles vont repartir pour un petit voyage entre copines. Florence leur explique tout. Le voyage est prévu en train. Elles partiront un vendredi soir, dans deux semaines. Tout est prévu : l'hôtel, et même le restaurant. Les parents de Céline **garderont** Scruffles. Elles n'auront qu'à se promener près

du lac et **flâner** dans les rues d'Annecy. Le train de retour est prévu pour dimanche soir. C'est un peu court, mais c'est tout de même deux nuits, et Annecy n'est pas très loin de Lyon.

Comme Clara ne sait pas encore où **se trouve** Annecy, Mattéo lui montre sur son téléphone. En effet, ce n'est pas très loin. C'est dans les Alpes ; Clara **ne peut pas s'empêcher de** regarder des photos sur son propre téléphone : ça a l'air tout à fait charmant ! Céline explique que c'est une destination prisée des Lyonnais pour des week-end **en amoureux**. C'est joli, ce n'est pas très loin, la nature est toute proche.

Cette bonne nouvelle **remonte** bien **le moral** de Céline, un peu éprouvée par ces dernières semaines. Cette perspective s'annonce comme un week-end relaxant loin du **marasme** de la grande ville. L'occasion de **souffler** un peu. Quand les filles rentrent chez elles, c'est le cœur léger, discutant de ce petit voyage à venir. Sur le chemin, elles passent près de chez Valentine. Elles lèvent le nez au ciel pour voir si sa fenêtre est allumée, et elle l'est. **À travers** les rideaux, elles peuvent même **apercevoir** deux ombres... Ce doit être Valentine et son mystérieux compagnon. Elles attendent une ou deux minutes, au cas où elles pourraient en voir plus, mais décident que c'est une attitude un peu voyeuriste. **À contre cœur**, elles passent leur chemin et retournent à l'appartement, où le petit chien les attend pour sa promenade du soir.

Synchronisé (adjectif) : synchronized
Frangine (f) (nom commun) : sister, sis (informal term)
Garder (verbe) : to look after (in this context)
Flâner (verbe) : to stroll, to wander
Se trouver (verbe pronominal) : to be located
Ne pas pouvoir s'empêcher de (locution verbale) : can't help doing [sth]
En amoureux (locution adjectivale) : romantic
Remonter le moral (locution verbale) : to cheer [sb] up
Marasme (m) (nom commun) : stagnation, slump
Souffler (verbe) : take a breather (in this context)
À travers (locution prépositionnel) : through, across
Apercevoir (verbe) : to catch sight of, to glimpse
À contre cœur (locution adverbiale) : reluctantly, unwillingly

Questions (Chapitre 9)

1. Quelle est l'attitude du conducteur responsable de l'accident de Christophe ?
a) Il nie avoir causé l'accident
b) Il refuse de payer les dommages et intérêts
c) Il accepte sa responsabilité et va payer les dommages et intérêts
d) Il exprime des excuses mais ne prend pas de responsabilité

2. Comment Constance surmonte-t-elle sa situation après sa rupture avec Max ?
a) En se concentrant sur son travail et ses loisirs
b) En se plongeant dans une nouvelle relation amoureuse
c) En évitant de parler de sa rupture avec ses amis
d) En se retirant complètement de sa vie sociale

3. Pourquoi les parents de Céline offrent-ils un week-end à Annecy aux filles ?
a) Parce que c'est l'anniversaire de Céline
b) Parce qu'elles ont réussi leurs examens
c) Parce qu'elles ont passé un mois difficile en septembre
d) Parce que les parents veulent leur faire plaisir sans raison particulière

4. Comment les filles vont-elles voyager pour aller à Annecy ?
a) En avion
b) En bus
c) En voiture
d) En train

5. Où se trouve Annecy ?
a) En Suisse
b) Dans les Alpes françaises
c) En Provence
d) Sur la côte méditerranéenne

9. Début de l'automne

Décidément, ce mois de septembre aura été haut en couleur. Mais l'automne est arrivé, et avec lui la douceur qui le caractérise. L'opération de Christophe se prépare doucement, elle est prévue pour le début du mois d'octobre. Tout le monde est impatient - Christophe le premier. Il reste très positif malgré son séjour prolongé dans sa chambre d'hôpital. Il en profite pour lire beaucoup et pour jouer aux échecs en ligne, quand il n'a pas de visite. Le conducteur coupable de l'accident est venu lui rendre visite. Il va être condamné pour son infraction au code de la route, mais il le sait et n'essaye pas de s'en défendre. Il va payer les dommages et intérêts. À vrai dire, il s'inquiète surtout pour le dos de Christophe. Il a, certes, provoqué un accident ; mais il semble que ce n'est pas une mauvaise personne.

Constance et Max sont bel et bien séparés, après deux courts mois de relation amoureuse mais bien des années d'amitié sincère. Constance, quoique bouleversée, surmonte la situation. La colère l'aide beaucoup à passer le cap de l'incompréhension. Elle se concentre sur son travail et ses loisirs, mais aussi sur ses amies : elle essaye de joindre Valentine. Cette dernière répond en fait toujours, mais elle trouve à chaque fois une bonne excuse pour reporter leur prochain café. En fait, Constance

9. Beginning of autumn

September was definitely a colorful month. But autumn has arrived, and with it its characteristic gentleness. Christophe's operation is slowly being prepared, and is scheduled for the beginning of October. Everyone is looking forward to it - Christophe first and foremost. He remains very positive despite his prolonged stay in his hospital room. He reads a lot and plays chess online when he doesn't have visitors. The driver responsible for the accident came to visit him. He's going to be sentenced for his traffic offence, but he knows it and doesn't try to defend himself. He'll pay the damages. To tell the truth, he's more worried about Christophe's back. He may have caused an accident, but it seems he's not a bad person.

Constance and Max have parted ways, after two short months of love but many years of sincere friendship. Constance, though shaken, overcomes the situation. Anger is a great help in overcoming incomprehension. She concentrates on her work and hobbies, but also on her friends: she tries to contact Valentine. Valentine always answers, but she always finds a good excuse to postpone their next coffee. In fact, Constance is beginning to wonder what Valentine is hiding from her.

commence même à se demander ce que Valentine lui cache. Elle est tellement absorbée par sa défaite avec Max qu'elle en vient à se poser la question : et si... et si Valentine et Max étaient ensemble ?

Mais non. Cela serait trop gros, trop étrange, trop affreux, surtout. Valentine ne lui aurait pas fait ça. Max non plus. Enfin, c'est trop tard : elle y a pensé ! Et elle ne peut s'ôter cette nouvelle idée de la tête. Un soir, quand les filles rentrent de la fac, Constance va frapper à leur porte pour leur livrer son inquiétude.

« Alors je suis sûre que ce n'est pas Max, répond tout de suite Clara. Je ne l'ai pas bien vu, c'est vrai, mais j'aurai reconnu Max. En tous cas, il était plus petit que Max, vraiment ça me semble parfaitement impossible.

- Ouf ! s'exclame Constance. Je vous jure, je commençais à y croire sérieusement ! Je suis stupide. »

Céline, Clara et Constance rient de bon cœur de la situation. Plus de peur que de mal. Mais cela n'explique pas le comportement ni de Max, ni de Valentine.

La vie continue, la fac, l'hôpital, le chien, les copains, pas de Valentine et plus de Max. Céline se décide, quelques jours après, à prendre contact avec Anouk. Après tout, elles

She's so absorbed by her defeat by Max that she begins to wonder: what if... what if Valentine and Max were together?

But they're not. That would be too big, too strange, too awful, above all. Valentine wouldn't do that to her. Nor would Max. Well, it's too late: she's thought of it! And she couldn't get the idea out of her head. One evening, when the girls come home from college, Constance knocks on their door to tell them how worried she is.

"Then I'm sure it's not Max, Clara replies immediately. I didn't get a good look at him, but I would have recognized Max. In any case, he was shorter than Max, so it seems perfectly impossible.

- Constance exclaims. I swear, I was beginning to seriously believe it! I'm so stupid."

Céline, Clara and Constance laugh heartily at the situation. More fear than harm. But that doesn't explain either Max's or Valentine's behavior.

Life goes on: college, hospital, dog, friends, no Valentine and no Max. A few days later, Céline decides to contact Anouk. After all, they were friends when Anouk was with Max.

étaient amies quand Anouk était avec Max. Comme Anouk ne répond pas, Céline laisse un message sur son répondeur : « Salut Anouk ! Ça fait plusieurs mois qu'on ne s'est pas vues, je me demandais comment tu vas. Ce serait sympa de se voir pour un café ou même une pizza un de ces quatre ! Rappelle-moi quand tu auras ce message. Bisous ! » Elle verra bien ce qu'il en est. En attendant, rien de nouveau... Et le quotidien suit son cours.

Un soir où Clara et Céline vont dîner chez les parents de Céline, ceux-ci les accueillent avec une belle surprise :

« Les filles, annonce Patrick, j'ai un cadeau pour vous !

- Un cadeau ? Mais en quel honneur ? demande Céline, étonnée et curieuse.

- Pourquoi faudrait-il toujours une occasion spéciale pour un cadeau ? rétorque Florence. Allez, disons que c'est parce qu'on vous aime !

- Voilà, confirme Patrick. On vous aime et on sait que ce mois de septembre a été bien difficile pour vous. Nous vous offrons un week-end à Annecy au mois de novembre, tous frais payés !

- Oh, c'est fantastique, s'exclament les filles, en cœur. »

When Anouk doesn't reply, Céline leaves a message on her answering machine: "Hi Anouk! We haven't seen each other in a few months, and I was wondering how you're doing. It would be nice to meet up for a coffee or even a pizza sometime! Call me back when you get this message. Kisses!" She'll see how it goes. In the meantime, nothing new... And daily life goes on as usual.

One evening when Clara and Céline go to dinner at Céline's parents' house, they are greeted with a nice surprise:

"Girls, Patrick announces, I've got a present for you!

- A present? What's the occasion? asks Céline, surprised and curious.

- Why does there always have to be a special occasion for a present? retorts Florence. Let's just say it's because we love you!

- That's it, confirms Patrick. We love you, and we know how difficult September has been for you. We're giving you an all-expenses-paid weekend in Annecy in November!

- Oh, it's fantastic, exclaimed the girls, in unison."

Leur exclamation synchronisée fait rire toute la famille. « De vraies frangines, » dit Isabelle, qui trouve le tableau charmant. Clara et Céline sont aux anges ; elles vont repartir pour un petit voyage entre copines. Florence leur explique tout. Le voyage est prévu en train. Elles partiront un vendredi soir, dans deux semaines. Tout est prévu : l'hôtel, et même le restaurant. Les parents de Céline garderont Scruffles. Elles n'auront qu'à se promener près du lac et flâner dans les rues d'Annecy. Le train de retour est prévu pour dimanche soir. C'est un peu court, mais c'est tout de même deux nuits, et Annecy n'est pas très loin de Lyon.

Comme Clara ne sait pas encore où se trouve Annecy, Mattéo lui montre sur son téléphone. En effet, ce n'est pas très loin. C'est dans les Alpes ; Clara ne peut pas s'empêcher de regarder des photos sur son propre téléphone : ça a l'air tout à fait charmant ! Céline explique que c'est une destination prisée des Lyonnais pour des week-end en amoureux. C'est joli, ce n'est pas très loin, la nature est toute proche.

Cette bonne nouvelle remonte bien le moral de Céline, un peu éprouvée par ces dernières semaines. Cette perspective s'annonce comme un week-end relaxant loin du marasme de la grande ville. L'occasion de souffler un peu. Quand les filles

Their synchronized exclamation makes the whole family laugh. "They're like sisters," says Isabelle, who finds the picture charming. Clara and Céline are over the moon; they're about to embark on a little trip with their girlfriends. Florence explains everything. The trip is planned by train. They'll be leaving on a Friday evening, two weeks from now. Everything is taken care of: the hotel, even the restaurant. Céline's parents will look after Scruffles. All they'll have to do is stroll along the lake and stroll through the streets of Annecy. The return train is scheduled for Sunday evening. It's a bit short, but it's still two nights, and Annecy isn't far from Lyon.

As Clara still doesn't know where Annecy is, Mattéo shows her on his phone. Indeed, it's not very far. It's in the Alps; Clara can't help looking at the photos on her own phone: it looks absolutely charming! Céline explains that it's a popular destination for weekend getaways for the Lyonnais. It's pretty, it's not far away, and nature is nearby.

This good news lifts Céline's spirits, a little shaken by the last few weeks. It's shaping up to be a relaxing weekend away from the hustle and bustle of the big city. A chance to take a breather. When the girls return home, it's with light hearts, chatting about the

rentrent chez elles, c'est le cœur léger, discutant de ce petit voyage à venir. Sur le chemin, elles passent près de chez Valentine. Elles lèvent le nez au ciel pour voir si sa fenêtre est allumée, et elle l'est. À travers les rideaux, elles peuvent même apercevoir deux ombres... Ce doit être Valentine et son mystérieux compagnon. Elles attendent une ou deux minutes, au cas où elles pourraient en voir plus, mais décident que c'est une attitude un peu voyeuriste. À contre cœur, elles passent leur chemin et retournent à l'appartement, où le petit chien les attend pour sa promenade du soir.

trip ahead. On the way, they pass by Valentine's house. They look up to see if her window is lit, and it is. Through the curtains, they can even make out two shadows... It must be Valentine and her mysterious companion. They wait a minute or two, in case they can see more, then decide that this is a bit voyeuristic. Reluctantly, they move on and return to the apartment, where the little dog is waiting for them for his evening walk.

Questions (Chapitre 9)

1. Quelle est l'attitude du conducteur responsable de l'accident de Christophe ?
a) Il nie avoir causé l'accident
b) Il refuse de payer les dommages et intérêts
c) Il accepte sa responsabilité et va payer les dommages et intérêts
d) Il exprime des excuses mais ne prend pas de responsabilité

2. Comment Constance surmonte-t-elle sa situation après sa rupture avec Max ?
a) En se concentrant sur son travail et ses loisirs
b) En se plongeant dans une nouvelle relation amoureuse
c) En évitant de parler de sa rupture avec ses amis
d) En se retirant complètement de sa vie sociale

3. Pourquoi les parents de Céline offrent-ils un week-end à Annecy aux filles ?
a) Parce que c'est l'anniversaire de Céline
b) Parce qu'elles ont réussi leurs examens
c) Parce qu'elles ont passé un mois difficile en septembre
d) Parce que les parents veulent leur faire plaisir sans raison particulière

4. Comment les filles vont-elles voyager pour aller à Annecy ?
a) En avion

Questions (Chapter 9)

1. What is the attitude of the driver responsible for Christophe's accident?
a) He denies causing the accident
b) He refuses to pay damages and compensation
c) He accepts responsibility and will pay damages and compensation
d) He expresses apologies but does not take responsibility

2. How does Constance overcome her situation after her breakup with Max?
a) By focusing on her work and hobbies
b) By immersing herself in a new romantic relationship
c) By avoiding talking about her breakup with her friends
d) By completely withdrawing from her social life

3. Why do Céline's parents offer the girls a weekend in Annecy?
a) Because it's Céline's birthday
b) Because they passed their exams
c) Because they had a difficult month in September
d) Because the parents want to please them for no particular reason

4. How will the girls travel to go to Annecy?
a) By plane

b) En bus
c) En voiture
d) En train

5. Où se trouve Annecy ?
a) En Suisse
b) Dans les Alpes françaises
c) En Provence
d) Sur la côte méditerranéenne

b) By bus
c) By car
d) By train

5. Where is Annecy located?
a) In Switzerland
b) In the French Alps
c) In Provence
d) On the Mediterranean coast

10. L'opération de Christophe

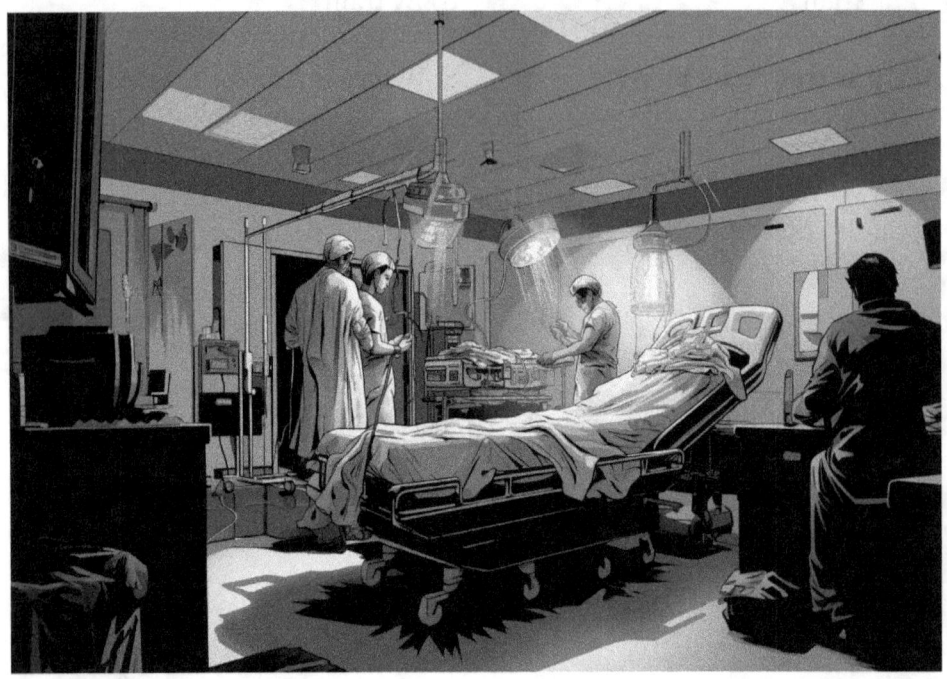

Enfin ! L'opération de Christophe va **avoir lieu**. Tout le monde est **à la fois** inquiet et content. Inquiet car l'opération sera assez lourde, et rassuré car cela veut dire qu'il va bientôt **entamer** son processus de rééducation. Le jour de l'opération, Céline et Clara vont en cours normalement, mais Céline est **scotchée** à son téléphone. L'opération se fera sous anesthésie générale, mais les médecins lui ont dit qu'il serait réveillé en fin d'après-midi. Elle **guette** le moment de son réveil - ou tout autre signe de la part de sa famille, espérant que l'opération se passera bien.

Et tout se passe pour le mieux. Ce n'est pas Christophe qui lui écrit quand il se réveille, car il est trop **ensuqué**, mais sa mère, qui lui écrit gentiment que tout va bien, que tout s'est très bien passé. Le soir, après les cours, Céline veut lui rendre visite. Mais à l'hôpital, on lui dit que Christophe dort et qu'il ne faut pas le **déranger**. Le lendemain, ce sera mieux. Céline prend donc son après-midi pour aller voir son amoureux. Quand elle arrive dans sa chambre, il est éveillé et souriant.

« Tu n'as pas mal ? demande Céline.

- Tu plaisantes, ça **fait un mal de chien** ! répond Christophe. Mais c'est une bonne chose de faite. Les médecins disent que dès demain, je vais commencer à me lever. J'ai hâte !

- Quel courage, vraiment, tu m'**épates**, dit Céline, de l'amour plein les yeux. »

Christophe et Céline font une partie d'échecs en discutant. Christophe gagne ; normal, cela fait deux semaines qu'il joue aux échecs tous les jours **contre** une intelligence artificielle... Il a eu le temps d'**approfondir** ses techniques ! Céline lui raconte les dernières nouvelles : Valentine et son **amant** mystérieux, Constance séparée de Max, Max qui trompait Constance, le week-end à Annecy offert par ses parents, son nouveau travail au musée de la Résistance de Lyon. Christophe écoute **patiemment**. Il n'a pas grand-chose à raconter et commence un peu à s'ennuyer, alors il est ravi d'avoir des nouvelles de l'extérieur.

> **Avoir lieu** (locution verbale) : to take place, to occur
> **À la fois** (locution adverbiale) : at the same time, both, at once
> **Entamer** (verbe) : to start on, to begin
> **Scotché** (adjectif) : glued, taped
> **Guetter** (verbe) : to watch for, to watch
> **Ensuqué** (adjectif) : drowsy, groggy
> **Déranger** (verbe) : to disturb, to bother
> **Faire un mal de chien** (locution verbale) : to hurt a lot, to be killing
> **Épater** (verbe) : to impress, to amaze
> **Contre** (préposition) : against
> **Approfondir** (verbe) : to deepen, to delve into
> **Amant** (m) (nom commun) : lover
> **Patiemment** (adverbe) : patiently

Un seul sujet n'est pas encore évoqué : celui du tennis. Christophe ne le dit pas, mais il est très inquiet pour la **poursuite** de son activité professionnelle. Et Céline est également inquiète, mais elle ne veut pas le lui montrer. C'est comme une idée simplement remise à plus tard ; comme si tous les deux **évitaient** le sujet pour ne pas **porter malheur**. Si on n'en parle pas, ça n'existe pas encore. Mais la **question leur brûle les lèvres** à tous les deux. Pas maintenant, se disent-ils. C'est inutile d'en parler, la rééducation n'a même pas encore commencé. Christophe fait preuve d'une patience impressionnante pour Céline, qui est toujours si vive et si **hâtive**.

Quand la journée touche à sa fin, Clara les rejoint avec un joli bouquet de fleurs blanches. Elle reste quelques minutes à discuter puis prend Céline par le bras pour lui faire comprendre que Christophe semble très fatigué et qu'**il vaut mieux** rentrer à la maison.

Les jours passent et se ressemblent, mais chaque journée apporte une bonne nouvelle de l'hôpital : Christophe qui se lève, qui marche, qui monte les escaliers, qui fait de petits mouvements **rotatifs** avec la tête, bientôt avec le **bassin**. Il sera bientôt transféré dans une maison spécialisée pour la rééducation des sportifs. Il est très content, car cette maison a très bonne réputation. Il sait qu'il va reprendre progressivement l'activité physique, **encadré** par une équipe de professionnels qui veilleront à ce qu'il ne se blesse pas. C'est la meilleure chose qui pouvait lui arriver après ce terrible accident.

De son côté, Céline est **de plus en plus** rassurée. **Ça tombe bien**, car son travail s'ajoutant à l'université, elle commence à avoir un programme bien chargé qui lui demande de la concentration et un **esprit** reposé. Elle a vraiment hâte que Christophe sorte de l'hôpital. À la maison de rééducation, il pourra rentrer dormir chez lui : ce ne sera plus vraiment comme l'hôpital, ce sera un peu comme la vraie vie enfin retrouvée. Ils iront au restaurant, ils se promèneront ensemble.

Poursuite (f) (nom commun) : continuation (in this context)
Éviter (verbe) : to avoid
Porter malheur (locution verbale) : to bring bad luck
Question qui brûle les lèvres (f) (nom commun) : question you are dying to ask
Hâtif (adjectif) : hasty, hurried
Il vaut mieux (expression) : it's better to
Rotatif (adjectif) : rotary
Bassin (m) (nom commun) : pelvis
Encadré (adjectif) : managed, supervised
De plus en plus (locution adverbiale) : more and more
Ça tombe bien (expression) : it's good timing
Esprit (m) (nom commun) : spirit, mind

En attendant, elle attend toujours des nouvelles d'Anouk. C'est **surprenant**, mais elle ne l'a toujours pas rappelée. Céline hésite à la relancer, car elle pense que peut-être Anouk a préféré tirer un trait sur son passé avec Max et ses amis. Si c'est le cas, elle ne veut pas la déranger. Mais enfin, ça ne

ressemble pas vraiment à Anouk de ne pas répondre du tout. Cela fait trois amis qui leur **tourne le dos** maintenant : Valentine, Anouk et Max. C'est **tout de même** bien étrange. À la maison, Clara et Céline en parlent de plus en plus. Elles passent par toutes les interprétations possibles de la situation, mais rien de satisfaisant.

À la fac, Valentine est présente et souriante. Elle va même **parfois** travailler à la bibliothèque avec Clara. Mais elle refuse toujours **obstinément** d'aller boire un verre avec elle après les cours. Un jour, Clara lui pose la question qui lui brûle les lèvres depuis un mois au moins :

« Dis-moi, Valentine, tu n'aurais pas un copain **par hasard** ?

- Pas vraiment, non. Drôle de question, répond-elle **vaguement**. On va à la bibliothèque ? »

C'est l'unique réponse de son amie... Mais elle donne au moins une indication à Clara : Valentine lui ment sur sa situation amoureuse. Elle ne sait pas pourquoi, mais c'est probablement parce que quelque chose **ne tourne pas rond**. Alors Clara en est sûre maintenant : il faut qu'elle en sache plus. Elle va **pousser** ses investigations. Pas par curiosité, mais par **bienveillance**, car elle s'inquiète sincèrement pour son amie. Elle se donne pour objectif de relancer son enquête après le week-end à Annecy, pour ne pas donner à Valentine le sentiment d'être épiée et pour ne pas perdre définitivement sa confiance.

En attendant ce fameux week-end, Clara et Céline prennent soin d'elles et de Constance : l'automne commence, les **feuilles** jaunissent puis brunissent dans les arbres et le fond de l'air se rafraîchit. On commence à voir les nuages arriver. C'est le moment de se préparer à passer plus de temps à l'intérieur, à **ressortir** les bouquins et à préparer des soupes. Clara aime bien ce temps-là aussi, c'est le moment de se reposer et de penser un peu plus à soi !

Surprenant (adjectif) : surprising
Tourner le dos (locution verbale) : to turn one's back
Tout de même (locution adverbiale) : all the same, anyway
Parfois (adverbe) : sometimes, occasionally
Obstinément (adverbe) : obstinately, stubbornly
Par hasard (locution adverbiale) : by chance, by accident
Vaguement (adverbe) : vaguely

Ne pas tourner rond (locution verbale) : to not run smoothly, to have a screw loose
Pousser (verbe) : to push
Bienveillance (f) (nom commun) : kindness, goodwill
Feuille (f) (nom commun) : leaf
Ressortir (verbe) : to bring [sth] back/out

Questions (Chapitre 10)

1. Que fait Céline pendant l'opération de Christophe ?
a) Elle va en cours normalement
b) Elle reste à l'hôpital avec lui
c) Elle attend anxieusement à côté de lui
d) Elle reste chez elle en attendant des nouvelles

2. Pourquoi Christophe écoute-t-il patiemment les nouvelles de Céline ?
a) Parce qu'il veut connaître les dernières rumeurs de leurs amis
b) Parce qu'il s'ennuie et n'a pas grand-chose à raconter
c) Parce qu'il est très intéressé par les histoires de Valentine et Constance
d) Parce qu'il veut en savoir plus sur le week-end à Annecy

3. Pourquoi Christophe et Céline évitent-ils de discuter du tennis ?
a) Parce qu'ils ne sont pas intéressés par le tennis
b) Parce qu'ils pensent que parler du sujet pourrait porter malheur
c) Parce qu'ils sont trop occupés par d'autres sujets
d) Parce qu'ils n'ont pas encore décidé s'ils veulent continuer à jouer au tennis

4. Où Christophe sera-t-il transféré pour sa rééducation ?
a) Dans un centre de rééducation spécialisé
b) À la maison
c) Dans une maison spécialisée pour la rééducation des sportifs
d) À un autre hôpital

5. Quelle est la réaction de Valentine lorsque Clara lui demande si elle a un copain ?
a) Elle nie catégoriquement
b) Elle répond vaguement et change de sujet
c) Elle avoue immédiatement
d) Elle éclate de rire et dit que c'est une bonne blague

10. L'opération de Christophe

Enfin ! L'opération de Christophe va avoir lieu. Tout le monde est à la fois inquiet et content. Inquiet car l'opération sera assez lourde, et rassuré car cela veut dire qu'il va bientôt entamer son processus de rééducation. Le jour de l'opération, Céline et Clara vont en cours normalement, mais Céline est scotchée à son téléphone. L'opération se fera sous anesthésie générale, mais les médecins lui ont dit qu'il serait réveillé en fin d'après-midi. Elle guette le moment de son réveil - ou tout autre signe de la part de sa famille, espérant que l'opération se passera bien.

Et tout se passe pour le mieux. Ce n'est pas Christophe qui lui écrit quand il se réveille, car il est trop ensuqué, mais sa mère, qui lui écrit gentiment que tout va bien, que tout s'est très bien passé. Le soir, après les cours, Céline veut lui rendre visite. Mais à l'hôpital, on lui dit que Christophe dort et qu'il ne faut pas le déranger. Le lendemain, ce sera mieux. Céline prend donc son après-midi pour aller voir son amoureux. Quand elle arrive dans sa chambre, il est éveillé et souriant.

« Tu n'as pas mal ? demande Céline.

- Tu plaisantes, ça fait un mal de chien ! répond Christophe. Mais c'est une bonne chose de faite. Les

10. Christophe's surgery

At last! Christophe's operation is about to take place. Everyone is both worried and happy. Worried because the operation is going to be quite heavy, and reassured because it means he'll soon be starting his rehabilitation process. On the day of the operation, Céline and Clara go to class as normal, but Céline is glued to her phone. The operation will be performed under general anaesthetic, but the doctors have told her that he will be awake by late afternoon. She watches for him to wake up - or any other sign from his family, hoping that the operation will go well.

And it does. It's not Christophe who writes to her when he wakes up, because he's too soggy, but his mother, who kindly writes that everything's fine, that everything went very well. In the evening, after school, Céline wants to visit him. But at the hospital, she is told that Christophe is asleep and shouldn't be disturbed. The next day will be better. So Céline takes the afternoon off to visit her boyfriend. When she arrives in his room, he's awake and smiling.

"You're not in pain? asks Céline.

- You're joking, it hurts like hell! replies Christophe. But it's a good thing it's over. The doctors say I'm

médecins disent que dès demain, je vais commencer à me lever. J'ai hâte !

- Quel courage, vraiment, tu m'épates, dit Céline, de l'amour plein les yeux. »

Christophe et Céline font une partie d'échecs en discutant. Christophe gagne ; normal, cela fait deux semaines qu'il joue aux échecs tous les jours contre une intelligence artificielle... Il a eu le temps d'approfondir ses techniques ! Céline lui raconte les dernières nouvelles : Valentine et son amant mystérieux, Constance séparée de Max, Max qui trompait Constance, le weekend à Annecy offert par ses parents, son nouveau travail au musée de la Résistance de Lyon. Christophe écoute patiemment. Il n'a pas grand-chose à raconter et commence un peu à s'ennuyer, alors il est ravi d'avoir des nouvelles de l'extérieur.

Un seul sujet n'est pas encore évoqué : celui du tennis. Christophe ne le dit pas, mais il est très inquiet pour la poursuite de son activité professionnelle. Et Céline est également inquiète, mais elle ne veut pas le lui montrer. C'est comme une idée simplement remise à plus tard ; comme si tous les deux évitaient le sujet pour ne pas porter malheur. Si on n'en parle pas, ça n'existe pas encore. Mais la question leur brûle les lèvres à tous les deux. Pas maintenant, se disent-ils. C'est inutile d'en parler, la rééducation n'a même pas encore

going to start getting up tomorrow. I can't wait!

- You're so brave, you really amaze me, says Céline, her eyes full of love."

Christophe and Céline play a game of chess while chatting. Christophe wins; normal, he's been playing chess every day for two weeks against an artificial intelligence... He's had plenty of time to perfect his techniques! Céline tells him the latest news: Valentine and her mysterious lover, Constance separated from Max, Max cheating on Constance, the weekend in Annecy offered by her parents, her new job at the Lyon Resistance Museum. Christophe listens patiently. He doesn't have much to say and is getting a little bored, so he's delighted to hear from the outside.

Only one subject has not yet been mentioned: tennis. Christophe doesn't say it, but he's very worried about the continuation of his professional activity. And Céline is worried too, but she doesn't want to show it. It's like an idea that's simply been put off; as if the two of them were avoiding the subject so as not to jinx it. If we don't talk about it, it doesn't exist yet. But the question burns on both their lips. Not now, they say to themselves. There's no point in talking about it, rehab hasn't even started yet. Christophe

commencé. Christophe fait preuve d'une patience impressionnante pour Céline, qui est toujours si vive et si hâtive.

Quand la journée touche à sa fin, Clara les rejoint avec un joli bouquet de fleurs blanches. Elle reste quelques minutes à discuter puis prend Céline par le bras pour lui faire comprendre que Christophe semble très fatigué et qu'il vaut mieux rentrer à la maison.

Les jours passent et se ressemblent, mais chaque journée apporte une bonne nouvelle de l'hôpital : Christophe qui se lève, qui marche, qui monte les escaliers, qui fait de petits mouvements rotatifs avec la tête, bientôt avec le bassin. Il sera bientôt transféré dans une maison spécialisée pour la rééducation des sportifs. Il est très content, car cette maison a très bonne réputation. Il sait qu'il va reprendre progressivement l'activité physique, encadré par une équipe de professionnels qui veilleront à ce qu'il ne se blesse pas. C'est la meilleure chose qui pouvait lui arriver après ce terrible accident.

De son côté, Céline est de plus en plus rassurée. Ça tombe bien, car son travail s'ajoutant à l'université, elle commence à avoir un programme bien chargé qui lui demande de la concentration et un esprit reposé. Elle a vraiment hâte que Christophe sorte de l'hôpital. À la maison de rééducation, il pourra rentrer

is impressively patient with Céline, who is always so lively and hasty.

As the day draws to a close, Clara joins them with a pretty bouquet of white flowers. She spends a few minutes chatting, then takes Céline by the arm to let her know that Christophe is looking very tired and had better go home.

The days come and go, but each day brings good news from the hospital: Christophe is getting up, walking, climbing stairs, making little rotational movements with his head, soon with his pelvis. He will soon be transferred to a specialized rehabilitation home for athletes. He's very happy, because this home has a very good reputation. He knows that he will gradually resume physical activity, supervised by a team of professionals who will make sure he doesn't injure himself. It's the best thing that could have happened to him after his terrible accident.

For her part, Céline is increasingly reassured. It's a good thing, too, because with the addition of her job at the university, she's starting to have a busy schedule that requires concentration and a well-rested mind. She can't wait for Christophe to get out of hospital. At the rehab center, he'll be able to go home

dormir chez lui : ce ne sera plus vraiment comme l'hôpital, ce sera un peu comme la vraie vie enfin retrouvée. Ils iront au restaurant, ils se promèneront ensemble.

En attendant, elle attend toujours des nouvelles d'Anouk. C'est surprenant, mais elle ne l'a toujours pas rappelée. Céline hésite à la relancer, car elle pense que peut-être Anouk a préféré tirer un trait sur son passé avec Max et ses amis. Si c'est le cas, elle ne veut pas la déranger. Mais enfin, ça ne ressemble pas vraiment à Anouk de ne pas répondre du tout. Cela fait trois amis qui leur tourne le dos maintenant : Valentine, Anouk et Max. C'est tout de même bien étrange. À la maison, Clara et Céline en parlent de plus en plus. Elles passent par toutes les interprétations possibles de la situation, mais rien de satisfaisant.

À la fac, Valentine est présente et souriante. Elle va même parfois travailler à la bibliothèque avec Clara. Mais elle refuse toujours obstinément d'aller boire un verre avec elle après les cours. Un jour, Clara lui pose la question qui lui brûle les lèvres depuis un mois au moins :

« Dis-moi, Valentine, tu n'aurais pas un copain par hasard ?

- Pas vraiment, non. Drôle de question, répond-elle vaguement. On va à la bibliothèque ? »

and sleep: it won't really be like the hospital anymore, it'll be a bit like real life again. They'll go to restaurants, take walks together.

Meanwhile, she's still waiting to hear from Anouk. Surprisingly, she still hasn't called her back. Céline is reluctant to call her again, as she thinks that perhaps Anouk has preferred to draw a line under her past with Max and his friends. If that's the case, she doesn't want to bother her. But then, it's not really like Anouk not to answer at all. That's three friends turning their backs on them now: Valentine, Anouk and Max. It's strange all the same. At home, Clara and Céline are talking about it more and more. They go through every possible interpretation of the situation, but nothing satisfying.

At college, Valentine is present and smiling. She even sometimes goes to work in the library with Clara. But she stubbornly refuses to go for a drink with her after class. One day, Clara asks her the question that has been burning in her mind for at least a month:

"Tell me, Valentine, do you have a boyfriend by any chance?

- Not really, no. Funny question, she replies vaguely. Shall we go to the library?"

C'est l'unique réponse de son amie... Mais elle donne au moins une indication à Clara : Valentine lui ment sur sa situation amoureuse. Elle ne sait pas pourquoi, mais c'est probablement parce que quelque chose ne tourne pas rond. Alors Clara en est sûre maintenant : il faut qu'elle en sache plus. Elle va pousser ses investigations. Pas par curiosité, mais par bienveillance, car elle s'inquiète sincèrement pour son amie. Elle se donne pour objectif de relancer son enquête après le week-end à Annecy, pour ne pas donner à Valentine le sentiment d'être épiée et pour ne pas perdre définitivement sa confiance.

En attendant ce fameux week-end, Clara et Céline prennent soin d'elles et de Constance : l'automne commence, les feuilles jaunissent puis brunissent dans les arbres et le fond de l'air se rafraîchit. On commence à voir les nuages arriver. C'est le moment de se préparer à passer plus de temps à l'intérieur, à ressortir les bouquins et à préparer des soupes. Clara aime bien ce temps-là aussi, c'est le moment de se reposer et de penser un peu plus à soi !

It's her friend's only answer... But at least it gives Clara a clue: Valentine is lying to her about her love situation. She doesn't know why, but it's probably because something is wrong. So Clara knows for sure: she has to find out more. She's going to investigate further. Not out of curiosity, but out of goodwill, because she's genuinely worried about her friend. She has set herself the goal of relaunching her investigation after the weekend in Annecy, so as not to give Valentine the feeling that she's being spied on, and so as not to lose her trust for good.

In the meantime, Clara and Céline look after themselves and Constance: autumn is beginning, the leaves on the trees are turning yellow and then brown, and the air is getting colder. Clouds are beginning to appear. It's time to get ready to spend more time indoors, dig out the books and make soups. Clara likes this time of year too, as it's a good time to relax and think a little more about herself!

Questions (Chapitre 10)

1. Que fait Céline pendant l'opération de Christophe ?
a) Elle va en cours normalement
b) Elle reste à l'hôpital avec lui
c) Elle attend anxieusement à côté de lui
d) Elle reste chez elle en attendant des nouvelles

2. Pourquoi Christophe écoute-t-il patiemment les nouvelles de Céline ?
a) Parce qu'il veut connaître les dernières rumeurs de leurs amis
b) Parce qu'il s'ennuie et n'a pas grand-chose à raconter
c) Parce qu'il est très intéressé par les histoires de Valentine et Constance
d) Parce qu'il veut en savoir plus sur le week-end à Annecy

3. Pourquoi Christophe et Céline évitent-ils de discuter du tennis ?
a) Parce qu'ils ne sont pas intéressés par le tennis
b) Parce qu'ils pensent que parler du sujet pourrait porter malheur
c) Parce qu'ils sont trop occupés par d'autres sujets
d) Parce qu'ils n'ont pas encore décidé s'ils veulent continuer à jouer au tennis

4. Où Christophe sera-t-il transféré pour sa rééducation ?
a) Dans un centre de rééducation spécialisé
b) À la maison

Questions (Chapter 10)

1. What does Céline do during Christophe's operation?
a) She goes to class as usual
b) She stays at the hospital with him
c) She anxiously waits by his side
d) She stays at home awaiting news

2. Why does Christophe patiently listen to Céline's news?
a) Because he wants to know the latest rumors from their friends
b) Because he's bored and doesn't have much to talk about
c) Because he's very interested in the stories of Valentine and Constance
d) Because he wants to know more about the weekend in Annecy

3. Why do Christophe and Céline avoid discussing tennis?
a) Because they're not interested in tennis
b) Because they think talking about it could bring bad luck
c) Because they're too busy with other topics
d) Because they haven't decided yet if they want to continue playing tennis

4. Where will Christophe be transferred for his rehabilitation?
a) To a specialized rehabilitation center
b) At home

c) Dans une maison spécialisée pour la rééducation des sportifs
d) À un autre hôpital

5. Quelle est la réaction de Valentine lorsque Clara lui demande si elle a un copain ?
a) Elle nie catégoriquement
b) Elle répond vaguement et change de sujet
c) Elle avoue immédiatement
d) Elle éclate de rire et dit que c'est une bonne blague

c) To a house especially for athletes' rehabilitation
d) To another hospital

5. What is Valentine's reaction when Clara asks her if she has a boyfriend?
a) She categorically denies it
b) She answers vaguely and changes the subject
c) She immediately admits it
d) She bursts out laughing and says it's a good joke

Bonus 1
Recette des Pâtes Fraîches Faites Maison, Sauce Tomate, Ail et Oignons

Ingrédients

- 2 tasses de farine
- 3 gros œufs
- 1/2 cuillère à café de sel
- Huile d'olive (pour la pâte et la cuisson)
- 2 tasses de tomates, coupées en dés
- 3 gousses d'ail, émincées
- 1 oignon, finement haché
- Feuilles de basilic frais pour la garniture
- Parmesan râpé (facultatif)
- Sel et poivre noir, selon le goût

Élaboration

1. Sur une surface propre, former un monticule avec la farine et créer un puits au centre.
2. Casser les œufs dans le puits et ajouter le sel.
3. Incorporer progressivement la farine aux œufs jusqu'à l'obtention d'une pâte.
4. Pétrir la pâte pendant environ 10 minutes jusqu'à ce qu'elle soit lisse. Laisser reposer pendant 30 minutes.
5. Étaler la pâte à pâtes en fines feuilles et la découper dans la forme de pâtes désirée.
6. Faire bouillir de l'eau salée et faire cuire les pâtes fraîches pendant 2 à 3 minutes jusqu'à ce qu'elles soient al dente.
7. Dans une poêle, faire sauter l'ail et l'oignon dans de l'huile d'olive jusqu'à ce qu'ils soient ramollis.
8. Ajouter les tomates découpées, le sel et le poivre noir. Laisser mijoter jusqu'à ce que les tomates deviennent une sauce.
9. Mélanger les pâtes cuites dans la sauce tomate.
10. Garnir de feuilles de basilic frais et de parmesan, si désiré.

Profitez de vos délicieuses pâtes fraîches faites maison avec de la sauce tomate, ail et oignons !

Bonus 1
Fresh Homemade Pasta with Tomato Sauce, Garlic, and Onions Recipe

Ingredients

- 2 cups all-purpose flour
- 3 large eggs
- 1/2 teaspoon salt
- Olive oil (for dough and cooking)
- 2 cups tomatoes, diced
- 3 cloves garlic, minced
- 1 onion, finely chopped
- Fresh basil leaves for garnish
- Grated Parmesan cheese (optional)
- Salt and black pepper to taste

Preparation

1. On a clean surface, make a mound with the flour and create a well in the center.
2. Crack the eggs into the well and add salt.
3. Gradually incorporate the flour into the eggs until a dough forms.
4. Knead the dough for about 10 minutes until smooth. Let it rest for 30 minutes.
5. Roll out the pasta dough into thin sheets and cut into desired pasta shape.
6. Boil salted water and cook the fresh pasta for 2-3 minutes until al dente.
7. In a pan, sauté garlic and onions in olive oil until softened.
8. Add diced tomatoes, salt, and black pepper. Simmer until tomatoes break down into a sauce.
9. Toss the cooked pasta in the tomato sauce.
10. Garnish with fresh basil leaves and Parmesan cheese if desired.

Enjoy your delicious fresh homemade pasta with tomato sauce, garlic, and onions!

Bonus 2
Clara's Book 10 in the series
Chapter 1: Week-end à Annecy

L'automne est maintenant bien installé. Les feuilles tombent et l'air est frais. Le ciel est plus **souvent** gris, les écharpes sont de retour sur les épaules ; finies, les balades nocturnes en t-shirt, finies les fenêtres grandes **ouvertes** toute la journée et les oiseaux qui chantent. Mais l'automne apporte son petit lot de plaisirs simples, lui aussi : les chocolats chauds dans des cafés cosy, la lecture d'un bon livre ou d'une bande dessinée sous une couverture, emmitouflé sur le canapé, les soirées **au chaud** entre copines.

N'exagérons rien : ce n'est pas la Sibérie. Les températures **se rapprochent** doucement de 10 degrés, rien de bien dramatique. Mais Clara rêve d'aller passer quelques jours au soleil d'Antibes avec Adam. Elle pense déjà avec nostalgie à ce bel été qui lui avait semblé à la fois très long et très court. Elle **repense** surtout à la plage, à la **mer** et au bateau. Il faut qu'elle prévoie d'y retourner avant de repartir !

Car oui, c'est aussi l'une des **préoccupations** de Clara : il ne reste que deux mois jusqu'à la fin de son année en France. À la fin du mois de décembre, juste après **Noël**, il lui faudra repartir vers sa famille, aux États-Unis. Ses **sentiments** à ce sujet sont très confus : c'est avec une grande joie qu'elle

s'imagine déjà retrouver ses parents, sa maison, sa chambre, ses amis. Mais cela ne **soulagera** pas sa peine d'être loin de ses amis français, de sa nouvelle vie à la Croix-Rousse, de ses petits cafés favoris... et, bien sûr, loin d'Adam. Alors elle essaye de ne pas trop y penser, pour profiter encore à fond, **jusqu'au bout**.

Elle en parle tout de même à Céline, à qui vient l'idée lumineuse de vérifier les conditions d'importation d'un chien sur le **sol** américain.

Souvent (adverbe) : often, frequently
Ouvert (adjectif) : open
Au chaud (locution adverbiale) : warm, in the warmth
Se rapprocher (verbe pronominal) : to get closer
Repenser (verbe) : to rethink, to think again
Mer (f) (nom commun) : sea, seaside
Préoccupation (f) (nom commun) : concern, worry
Noël (m) (nom commun) : Christmas
Sentiment (m) (nom commun) : feeling
Soulager (verbe) : to relieve, to ease
Jusqu'au bout (locution adverbiale) : until the end
Sol (m) (nom commun) : soil, ground

« **Selon** le site Internet, du moment que l'animal est vacciné, tu peux le prendre avec toi, dit Céline en lisant une page Internet sur son **portable**. **Cela dit**, ils conseillent de faire faire un certificat. Ça vaudrait le coup d'aller chez le vétérinaire, tu crois pas ? suggère-t-elle.

- Ah, oui, c'est sympa merci, acquiesce Clara, dans un **soupir**. Je suis tellement contente de pouvoir ramener Scruffles avec moi...

- Mais pourquoi tu as l'air si triste, alors ? demande Céline.

- Bah, tu sais, si je pouvais aussi faire un certificat pour toi, pour Adam et pour Lyon **tout entier**, pour vous ramener dans mes bagages, je le ferais **volontiers** ! s'amuse Clara. Oh, ça va aller. Mais vous allez me manquer !

- Eh, ma belle, c'est toi qui vas nous manquer, dit Céline en souriant **tristement**. Et moi, je vais devoir trouver une nouvelle colocataire. Je te raconte pas comme j'ai pas envie. Ça marche si bien, la vie avec toi. Je n'imagine pas ce que ça peut être avec quelqu'un d'autre.

- **D'ailleurs**, à ce sujet, tu devrais commencer à chercher, non ? demande Clara.

- Eh bien oui, tu as raison, convient Céline. Je vais poster une annonce... »

Les filles sont un peu tristes, c'est vrai. Mais elles savent qu'elles se reverront, **sans aucun doute** possible. Ni l'une, ni l'autre ne peut s'imaginer les choses différemment : elles sont liées **à vie**. Céline se demande déjà quand est-ce qu'elle va pouvoir lui rendre visite.

Et Adam, de son côté, se pose les mêmes questions. Clara ne le sait pas encore, mais il est déjà en train de faire des projets de voyages. En parlant de voyage, les filles doivent se préparer pour leur week-end à Annecy ! Elles partent dans **moins de** vingt-quatre heures. Mais le sac est vite préparé : un ou deux pulls, une écharpe, des vêtements de rechange, un livre, des écouteurs, les papiers d'identité, un appareil photo, une **trousse de toilette**, et voilà !

Selon (préposition) : according to
Portable (m) (nom commun) : cell phone
Cela dit (locution adverbiale) : that being said
Soupir (m) (nom commun) : sigh
Tout entier (locution adjectivale) : completely, as a whole
Volontiers (adverbe) : willingly, gladly
Tristement (adverbe) : sadly, unfortunately
D'ailleurs (locution adverbiale) : by the way
Sans aucun doute (locution adverbiale) : without a doubt, definitely
À vie (locution adverbiale) : for life, lifetime
Moins de (locution prépositionnel) : less, fewer
Trousse de toilette (f) (nom commun) : toiletry bag, wash bag

Le jour du départ, après les cours, les deux amies vont **déposer** Scruffles chez les parents de Céline. Puis Florence les dépose gentiment à la gare, un peu en avance pour leur train. En attendant l'arrivée du train, elles prennent un café et restent **à l'abri du** vent et de la petite pluie fine. Céline **peste** contre le mois de novembre, qu'elle déteste. Cela fait rire Clara. Céline est définitivement très drôle quand elle se met à râler. Le train les dépose de nuit au centre-ville d'Annecy.

Les filles **s'orientent** vers l'hôtel réservé par les parents de Céline. Leur chambre donne sur le lac d'Annecy : c'est tout simplement splendide, même

de nuit. Clara a hâte de voir la vue le matin, puis l'après-midi. On peut deviner les montagnes autour du lac, qui **se découpent** dans le ciel nocturne. Installées dans leur chambre d'hôtel, les copines regardent un plan de la ville pour trouver quelques pubs et restaurants. Elles se dirigent vers le quartier des bistrots. Une rivière **traverse** la ville et **se jette dans** le lac. Les quais sont bordés de rues piétonnes chargées de touristes et de **badauds** affairés à discuter, chercher un café, prendre des photos. Dans la lumière de la ville, les bâtiments historiques paraissent superbes.

Clara est tout simplement émerveillée : elle n'aurait pas pensé trouver un tel **bijou** si proche de Lyon. Finalement, les deux amies s'installent sur une terrasse chauffée pour prendre un apéritif avant de choisir leur restaurant. Elles demandent au serveur quels sont ses restaurants préférés. Celui-ci **s'avère** très sympathique : il leur conseille plusieurs adresses, et finalement, elles décident d'aller manger du poisson du lac dans un petit restaurant un peu chic du centre. Après tout, ce week-end est un cadeau, il faut en profiter !

Installées dans le restaurant, elles prennent un selfie qu'elles envoient aux parents de Céline pour les informer qu'elles sont bien arrivées et qu'elles sont très heureuses. Pour toute réponse, elles reçoivent une photo de Scruffles endormi sur le dos, les quatre **pattes** en l'air et la langue **pendante** !

Déposer (verbe) : to drop off
À l'abri de (locution prépositionnelle) : safe from, sheltered from
Pester (verbe) : to curse
S'orienter (verbe pronominal) : to head to (in this context)
Se découper (verbe pronominal) : to stand out (in this context)
Traverser (verbe) : to cross
Se jeter dans (verbe pronominal) : to flow into
Badaud (m) (nom commun) : onlooker
Bijou (m) (nom commun) : jewel, piece of jewelry
S'avérer (verbe pronominal) : to prove to be, to turn out to be
Patte (f) (nom commun) : paw, leg (animal or object)
Pendant (adjectif) : hanging

Questions (Bonus 2)

1. Pourquoi Clara rêve-t-elle d'aller à Antibes ? (Plusieurs réponses possibles)
a) Pour échapper au froid de l'automne
b) Pour rencontrer Adam
c) Pour profiter du soleil et de la plage
d) Pour explorer de nouveaux restaurants et cafés

2. Quand Clara doit-elle repartir aux États-Unis ?
a) À la fin de l'automne
b) Après le Nouvel An
c) Après Noël
d) Avant Thanksgiving

3. Quel document le site Internet conseille-t-il d'avoir pour pouvoir emmener un chien aux États-Unis ?
a) Un passeport pour animaux
b) Un certificat de vaccination
c) Un permis de voyage pour animaux
d) Un certificat de bonne santé

4. Que prévoit de faire Céline concernant le départ de Clara ?
a) Trouver un nouveau colocataire
b) Partir en voyage avec Clara
c) Postuler pour un nouvel emploi
d) Déménager chez ses parents

5. Où se situe la chambre d'hôtel des filles à Annecy ?
a) Au cœur de la montagne
b) Surplombant le lac d'Annecy
c) Dans un quartier animé
d) À proximité des rues piétonnes

(Bonus 2)

1. Week-end à Annecy

L'automne est maintenant bien installé. Les feuilles tombent et l'air est frais. Le ciel est plus souvent gris, les écharpes sont de retour sur les épaules ; finies, les balades nocturnes en t-shirt, finies les fenêtres grandes ouvertes toute la journée et les oiseaux qui chantent. Mais l'automne apporte son petit lot de plaisirs simples, lui aussi : les chocolats chauds dans des cafés cosy, la lecture d'un bon livre ou d'une bande dessinée sous une couverture, emmitouflé sur le canapé, les soirées au chaud entre copines.

N'exagérons rien : ce n'est pas la Sibérie. Les températures se rapprochent doucement de 10 degrés, rien de bien dramatique. Mais Clara rêve d'aller passer quelques jours au soleil d'Antibes avec Adam. Elle pense déjà avec nostalgie à ce bel été qui lui avait semblé à la fois très long et très court. Elle repense surtout à la plage, à la mer et au bateau. Il faut qu'elle prévoie d'y retourner avant de repartir !

Car oui, c'est aussi l'une des préoccupations de Clara : il ne reste que deux mois jusqu'à la fin de son année en France. À la fin du mois de décembre, juste après Noël, il lui faudra repartir vers sa famille, aux États-Unis. Ses sentiments à ce

(Bonus 2)

1. Weekend in Annecy

Autumn is well underway. The leaves are falling and the air is crisp. The skies are more often grey, scarves are back on shoulders, no more evening strolls in t-shirts, no more windows wide open all day and birds singing. But autumn also brings its share of simple pleasures: hot chocolates in cosy cafés, reading a good book or comic strip under a blanket, wrapped up on the sofa, warm evenings with girlfriends.

Let's not exaggerate: this is not Siberia. Temperatures are slowly approaching 10 degrees, nothing too dramatic. But Clara dreams of spending a few days in sunny Antibes with Adam. She's already thinking longingly of that beautiful summer, which had seemed both very long and very short. She thinks especially of the beach, the sea and the boat. She must plan to go back there before she leaves!

Yes, this is also one of Clara's concerns: there are only two months left until the end of her year in France. At the end of December, just after Christmas, she will have to return to her family in the United States. Her feelings on the subject are

sujet sont très confus : c'est avec une grande joie qu'elle s'imagine déjà retrouver ses parents, sa maison, sa chambre, ses amis. Mais cela ne soulagera pas sa peine d'être loin de ses amis français, de sa nouvelle vie à la Croix-Rousse, de ses petits cafés favoris... et, bien sûr, loin d'Adam. Alors elle essaye de ne pas trop y penser, pour profiter encore à fond, jusqu'au bout.

Elle en parle tout de même à Céline, à qui vient l'idée lumineuse de vérifier les conditions d'importation d'un chien sur le sol américain.

« Selon le site Internet, du moment que l'animal est vacciné, tu peux le prendre avec toi, dit Céline en lisant une page Internet sur son portable. Cela dit, ils conseillent de faire faire un certificat. Ça vaudrait le coup d'aller chez le vétérinaire, tu crois pas ? suggère-t-elle.

- Ah, oui, c'est sympa merci, acquiesce Clara, dans un soupir. Je suis tellement contente de pouvoir ramener Scruffles avec moi...

- Mais pourquoi tu as l'air si triste, alors ? demande Céline.

- Bah, tu sais, si je pouvais aussi faire un certificat pour toi, pour Adam et pour Lyon tout entier, pour vous ramener dans mes bagages, je le ferais volontiers ! s'amuse Clara. Oh, ça va aller. Mais vous allez me manquer !

very confused: she is overjoyed to see her parents, her home, her room and her friends again. But it won't ease her pain to be away from her French friends, her new life in La Croix-Rousse, her favorite little cafés... and, of course, away from Adam. So she tries not to think about it too much, to enjoy it to the end.

Nevertheless, she tells Céline, who comes up with the bright idea of checking the conditions for importing a dog onto American soil.

"According to the website, as long as the animal is vaccinated, you can take it with you, says Céline, reading a web page on her laptop. That said, they advise you to get a certificate. It would be worth going to the vet, don't you think? she suggests.

- Ah, yes, that's nice, thank you, Clara agrees, with a sigh. I'm so happy to be able to take Scruffles back with me...

- Why do you look so sad, then? asks Céline.

- Well, you know, if I could also make a certificate for you, for Adam and for Lyon as a whole, to take you back in my luggage, I'd be happy to do it! laughs Clara. Oh, I'll be fine. But I'm going to miss you!

- Eh, ma belle, c'est toi qui vas nous manquer, dit Céline en souriant tristement. Et moi, je vais devoir trouver une nouvelle colocataire. Je te raconte pas comme j'ai pas envie. Ça marche si bien, la vie avec toi. Je n'imagine pas ce que ça peut être avec quelqu'un d'autre.	- Hey, sweetheart, we're going to miss you, says Céline, smiling sadly. And I'm going to have to find a new roommate. I can't tell you how much I don't want to. Life with you is going so well. I can't imagine what it would be like with someone else.
- D'ailleurs, à ce sujet, tu devrais commencer à chercher, non ? demande Clara.	- Speaking of which, don't you think you should start looking? asks Clara.
- Eh bien oui, tu as raison, convient Céline. Je vais poster une annonce... »	- Well, yes, you're right, agrees Céline. I'll post an ad..."
Les filles sont un peu tristes, c'est vrai. Mais elles savent qu'elles se reverront, sans aucun doute possible. Ni l'une, ni l'autre ne peut s'imaginer les choses différemment : elles sont liées à vie. Céline se demande déjà quand est-ce qu'elle va pouvoir lui rendre visite.	The girls are a little sad, it's true. But they know they'll see each other again, without a doubt. Neither of them can imagine things any differently: they're linked for life. Céline is already wondering when she'll be able to visit her.
Et Adam, de son côté, se pose les mêmes questions. Clara ne le sait pas encore, mais il est déjà en train de faire des projets de voyages. En parlant de voyage, les filles doivent se préparer pour leur week-end à Annecy ! Elles partent dans moins de vingt-quatre heures. Mais le sac est vite préparé : un ou deux pulls, une écharpe, des vêtements de rechange, un livre, des écouteurs, les papiers d'identité, un appareil photo, une trousse de toilette, et voilà !	And Adam, for his part, is asking the same questions. Clara doesn't know it yet, but he's already making travel plans. Speaking of travel, the girls need to get ready for their weekend in Annecy! They leave in less than twenty-four hours. But the bag is quickly packed: one or two sweaters, a scarf, a change of clothes, a book, headphones, identity papers, a camera, a toilet bag, and off you go!
Le jour du départ, après les cours, les	On the day of departure, after school,

deux amies vont déposer Scruffles chez les parents de Céline. Puis Florence les dépose gentiment à la gare, un peu en avance pour leur train. En attendant l'arrivée du train, elles prennent un café et restent à l'abri du vent et de la petite pluie fine. Céline peste contre le mois de novembre, qu'elle déteste. Cela fait rire Clara. Céline est définitivement très drôle quand elle se met à râler. Le train les dépose de nuit au centre-ville d'Annecy.

Les filles s'orientent vers l'hôtel réservé par les parents de Céline. Leur chambre donne sur le lac d'Annecy : c'est tout simplement splendide, même de nuit. Clara a hâte de voir la vue le matin, puis l'après-midi. On peut deviner les montagnes autour du lac, qui se découpent dans le ciel nocturne. Installées dans leur chambre d'hôtel, les copines regardent un plan de la ville pour trouver quelques pubs et restaurants. Elles se dirigent vers le quartier des bistrots. Une rivière traverse la ville et se jette dans le lac. Les quais sont bordés de rues piétonnes chargées de touristes et de badauds affairés à discuter, chercher un café, prendre des photos. Dans la lumière de la ville, les bâtiments historiques paraissent superbes.

Clara est tout simplement émerveillée : elle n'aurait pas pensé trouver un tel bijou si proche de Lyon. Finalement, les deux amies

the two friends drop Scruffles off at Céline's parents' house. Then Florence kindly drops them off at the station, a little early for their train. While waiting for the train to arrive, they have a coffee and stay out of the wind and light rain. Céline complains that she hates November. This makes Clara laugh. Céline is definitely very funny when she starts moaning. The train drops them off at night in downtown Annecy.

The girls head for the hotel booked by Céline's parents. Their room overlooks Lake Annecy: it's simply splendid, even at night. Clara can't wait to see the view in the morning, then again in the afternoon. You can make out the mountains around the lake, silhouetted against the night sky. Settling into their hotel room, the girls look at a city map to find a few pubs and restaurants. They head for the bistro district. A river crosses the city and flows into the lake. The quays are lined with pedestrian streets crowded with tourists and onlookers, chatting, looking for a coffee, taking photos. In the city light, the historic buildings look stunning.

Clara is simply amazed: she never thought she'd find such a jewel so close to Lyon. Finally, the two friends settle down on a heated terrace for

s'installent sur une terrasse chauffée pour prendre un apéritif avant de choisir leur restaurant. Elles demandent au serveur quels sont ses restaurants préférés. Celui-ci s'avère très sympathique : il leur conseille plusieurs adresses, et finalement, elles décident d'aller manger du poisson du lac dans un petit restaurant un peu chic du centre. Après tout, ce week-end est un cadeau, il faut en profiter !	an aperitif before choosing their restaurant. They ask the waiter what his favorite restaurants are. He turned out to be very friendly: he recommended several addresses, and in the end, they decided to go for lake fish in a chic little restaurant in the center of town. After all, this weekend is a gift, so let's make the most of it!
Installées dans le restaurant, elles prennent un selfie qu'elles envoient aux parents de Céline pour les informer qu'elles sont bien arrivées et qu'elles sont très heureuses. Pour toute réponse, elles reçoivent une photo de Scruffles endormi sur le dos, les quatre pattes en l'air et la langue pendante !	Settling into the restaurant, they take a selfie and send it to Céline's parents to let them know they've arrived safely and are very happy. In response, they receive a photo of Scruffles asleep on his back, all four paws in the air and tongue hanging out!

Questions (Bonus 2)

1. Pourquoi Clara rêve-t-elle d'aller à Antibes ? (Plusieurs réponses possibles)
a) Pour échapper au froid de l'automne
b) Pour rencontrer Adam
c) Pour profiter du soleil et de la plage
d) Pour explorer de nouveaux restaurants et cafés

2. Quand Clara doit-elle repartir aux États-Unis ?
a) À la fin de l'automne
b) Après le Nouvel An
c) Après Noël
d) Avant Thanksgiving

3. Quel document le site Internet conseille-t-il d'avoir pour pouvoir emmener un chien aux États-Unis ?
a) Un passeport pour animaux
b) Un certificat de vaccination
c) Un permis de voyage pour animaux
d) Un certificat de bonne santé

4. Que prévoit de faire Céline concernant le départ de Clara ?
a) Trouver un nouveau colocataire
b) Partir en voyage avec Clara
c) Postuler pour un nouvel emploi
d) Déménager chez ses parents

5. Où se situe la chambre d'hôtel des filles à Annecy ?
a) Au cœur de la montagne
b) Surplombant le lac d'Annecy
c) Dans un quartier animé

Questions (Bonus 2)

1. Why does Clara dream of going to Antibes? (Multiple answers possible)
a) To escape the autumn chill
b) To meet Adam
c) To enjoy the sun and the beach
d) To explore new restaurants and cafes

2. When does Clara have to return to the United States?
a) At the end of autumn
b) After New Year's
c) After Christmas
d) Before Thanksgiving

3. What document does the website recommend getting to bring a dog to the United States?
a) An animal passport
b) A vaccination certificate
c) A travel permit for animals
d) A health certificate

4. What does Céline plan to do regarding Clara's departure?
a) Find a new roommate
b) Go on a trip with Clara
c) Apply for a new job
d) Move in with her parents

5. Where is the girls' hotel room located in Annecy?
a) In the heart of the mountains
b) Overlooking Lake Annecy
c) In a lively neighborhood

d) À proximité des rues piétonnes   d) Near the pedestrian streets

ANSWERS

Chapter 1	Chapter 6	Bonus 2 - Chapter 1
1 : d	1 : b	1 : c
2 : c	2 : a	2 : b, c
3 : b	3 : c	3 : b
4 : b	4 : d	4 : a
5 : a	5 : a	5 : b

Chapter 2
1 : b
2 : c
3 : c
4 : a
5 : c

Chapter 7
1 : c
2 : b
3 : c
4 : d
5 : a

Chapter 3
1 : a
2 : c
3 : b
4 : c
5 : d

Chapter 8
1 : c, d
2 : c
3 : b
4 : b
5 : c

Chapter 4
1 : b
2 : a, d
3 : b
4 : b, c
5 : a

Chapter 9
1 : c
2 : a
3 : c
4 : d
5 : b

Chapter 5
1 : d
2 : b
3 : b
4 : a
5 : c

Chapter 10
1 : a
2 : b
3 : b
4 : c
5 : b

Download the Audiobook & PDF below!

www.ingramcontent.com/pod-product-compliance
Lightning Source LLC
Chambersburg PA
CBHW072057110526
44590CB00018B/3206